STALL POINTS
MOST COMPANIES STOP GROWING
YOURS DOESN'T HAVE TO

雪球原理

如何让你的企业越做越大

[英] 马修·奥尔森 Matthew S. Olson　　德里克·范·贝弗 Derek van Bever　著

中国青年出版社
CHINA YOUTH PRESS

图书在版编目（CIP）数据

雪球原理：如何让你的企业越做越大/(英)马修·奥尔森,(英)德里克·范·贝弗著；李亮译.
—北京：中国青年出版社，2020.9
书名原文: Stall points : most companies stop growing—yours doesn't have to
ISBN 978-7-5153-6081-2

Ⅰ.①雪… Ⅱ.①马…②德…③李… Ⅲ.①企业经营管理—研究 Ⅳ.①F272.3

中国版本图书馆CIP数据核字（2020）第114544号

Derek van Bever and Matthew S. Olson
Stall points : most companies stopgrowing—yours doesn't have to
" ©2008 by Derek van Bever and Matthew S.Olson"
" Originally published by Yale University Press"
Simplified Chinese translation copyright © 2020 by China Youth Press.
All rights reserved.

雪球原理：如何让你的企业越做越大

作　　者：〔英〕马修·奥尔森　德里克·范·贝弗
译　　者：李　亮
策划编辑：刘　吉
责任编辑：胡莉萍
文字编辑：任长玉
美术编辑：佟雪莹
出　　版：中国青年出版社
发　　行：北京中青文文化传媒有限公司
电　　话：010-65518035/65516873
公司网址：www.cyb.com.cn
购书网址：zqwts.tmall.com
印　　刷：天津光之彩印刷有限公司
版　　次：2020年9月第1版
印　　次：2020年9月第1次印刷
开　　本：787×1092　1/16
字　　数：150千字
印　　张：13.5
京权图字：01-2019-4056
书　　号：ISBN 978-7-5153-6081-2
定　　价：59.00元

版权声明

未经出版人事先书面许可，对本出版物的任何部分不得以任何方式或途径复制或传播，包括但不限于复印、录制、录音，或通过任何数据库、在线信息、数字化产品或可检索的系统。

中青版图书，版权所有，盗版必究

目 录

前言 **005**

致增长期企业领导人的肺腑箴言：

　　吸取失速大企业的教训，尽早学习应对经验 **009**

第一部分　大型企业的增长经验 **015**

　　第一章　探究清楚增长的极限究竟是什么 / 017

　　第二章　失速点会悄然而至 / 031

　　第三章　增长失速进而停滞的惨痛后果 / 042

第二部分　追根溯源，规避停滞 **047**

　　第四章　企业为什么不再增长 / 049

　　第五章　外部不可控因素 / 059

　　第六章　优势地位束缚 / 068

　　第七章　创新管理失败 / 087

　　第八章　过早舍弃核心业务 / 101

第九章　其他战略因素　/113

第十章　人才储备不足　/124

第十一章　其他组织因素　/137

第三部分　狙击停滞，跃出低谷　　　147

第十二章　及时更新老旧战略：防患于未然　/149

第十三章　利用好路标和路绊：定航向，绘蓝图　/165

第十四章　责任切实到人：逐步落实增长战略　/176

第十五章　摆脱停滞泥潭　/185

附录1　研究方法说明　/199

附录2　研究停滞根源的类别时所选用的案例企业　/202

附录3　管理层自测：是否关注到停滞来临前的预警信号　/204

致谢　　　215

前 言

任何有意探讨企业增长问题的作者，最好在动笔前读一读潘卡·盖莫沃特（Pankaj Ghemawat）有关企业增长的论述文章《增长的推动力》（*Growth Boosters*）。该文发表在2004年7月出版的《哈佛商业评论》（*Harvard Business Review*）上，评论了世界顶级咨询公司的最新出版物，并研究了市面上《在版书目》（*Books in Print*）中有关增长问题的部分。盖莫沃特发现，无论经济发展处于哪个阶段，也不管商业书刊出版市场的整体趋势如何，有关企业增长的文献仍在不断增多。因此他建议，有意著书的作者在动笔之前、在发出呼声之前，严格考量一下自己的著作是否具有创新性、可信性和实用性。我们在撰写本书时，始终牢记着这个"盖莫沃特标准"。

有些读者可能不太了解我们公司。我们企业战略运营管理咨询公司（CEB）致力于为全球各大重要企业的高管提供服务，并指导会员企业达到最佳绩效水平。在至今长达25年的时间里，我们稳步前行，成果丰硕，积累了大量有关企业增长的文献。我们公司助力全球各类大型组织及其领导人提高自身绩效，是他们的首选网络。在《财富》500强企业中，80%以上都享受我们所提供的服务，其中有1/3是非

美国企业。我们的会员计划服务于人力资源主管、首席财务官、首席信息官等特定高端客户,针对这些高管面临的紧迫问题开展研究,并共担研究支出。我们公司自成立以来,不断探索增长挑战及克服它们的最佳做法,在这一过程中,我们的每位新加入会员都会贡献出自己的真知灼见,为最终成果添砖加瓦。

我们公司下属的企业战略委员会(Corporate Strategy Board)拥有数百位会员,他们都是全球顶级企业的战略、规划及发展负责人,是营利性增长要诀的狂热探寻者,正是这些优秀会员,促成了这本书的出版构想。

本书由三大部分构成:

大型企业的增长经验 我们调研了过去50年间入选《财富》100强的500多家企业,对它们的增长历程进行全面的定量分析,探讨增长停滞的普遍性,以及增长停滞的短期和长期后果。结果发人深省:增长停滞现象非常普遍且很难提前发现,停滞发生后,企业极难恢复增长。事实上,如果公司在停滞发生后没有迅速恢复增长,则不太可能甚至永远无法重返可持续增长轨道。

追根溯源,规避停滞 在全面的定量分析之外,我们也从《财富》100强企业中挑选了50多家案例企业,进行深入的定量分析,以确定增长停滞出现的根源。值得庆幸的是,我们探明了足足42个具体根源,它们丛生在一起,且半数以上都可归于4个大类。此外,绝大多数停滞根源都是可控的,与高管层所做的战略选择或组织设计决策息息相关。在本部分,我们详细介绍并描述每个停滞根源,并针对每个根源设计了自测题,读者可据此进行自我诊断,分析确定所在企业中这些"预警信号"的显现程度。

狙击停滞,跃出低谷 在本部分,我们提出了以下核心建议:企业高管必须不断阐明、持续测试并及时更新本企业在制定战略时所依据的假设,因为正是那些最深信不疑的老旧假设,往往最有可能让企业遭遇滑铁卢。你也许认为自己现在就是在这样做,但认识很可能存在偏差,而这样的疏忽会导致你的企业陷入险情。所以在本部分,我们详细介绍顶级企业的各种做法,看它们如何精确阐明关键假设,如何在组织中公开审查这些假设，如何持续密切监测这些假设，以便发现外部环境的变化，预防由此导致的关键假设过时、失效。而本部分的最后一章，通过分析停滞发生后恢复增长的那些企业的战略，为担心自己企业一直处于停滞状态的读者提供指导。

本书主要针对4类读者。第一类读者是企业总经理及高管。他们肩负为企业设计制定增长路线的重任。希望在读完本书介绍的成功案例和优秀做法后，这类读者可以找到切实可行的方法，帮助企业改进并完善当前的收入增长计划和战略假设。

第二类读者是首席战略师。他们通常负责管理企业的长期增长。希望本书能给他们提供参考（实际上本书前面部分的主要观点之一就是，在做战略规划时，应当在战术计划之外，从收入"视角"切入思考，这将会大有好处）。因此我们在控制本书篇幅的压力下，尽量囊括了所有案例企业的相关研究资料，力争做到全书内容丰富全面。

第三类读者是董事会和公司治理委员会。我们认为，董事会的专有职能应该是对关于企业战略的管理假设提出质疑，并确保质疑结果得到贯彻落实。但我们也注意到，这项职能在近年来越来越受到忽视，以至于逐渐丧失。当然，这种疏忽只是公司治理改革在"明枪暗箭"中严重分心，从而导致的各种糟糕后果之一。而且颇具讽刺意味的是，公司治理改革在强行提高董事会独立性的过程中，却也大大降低了董事会与公司及行业问题之间以往的那种密切联系的程度。我们认为，董事会在战略制定中发挥的作用是有限的，实际上，董事会的责任并不在于制定战略，而是要确保管理层已经制定了战略，并且确保企业资源得到有效的分配，以便对战略实施提供支持。我们坚信，董事会必须要加强对于风险的监督。而对公司战略所依据的假设进行检验，本身就是一种最纯粹的风险管理方式，对公司也最有裨益。

第四类读者是商科学生。我们曾给哈佛商学院的学生、乔治华盛顿大学的商科研究生，以及乔治城大学的商科研究生讲授过本书内容；也曾在座无虚席的会场中，与众多机构分析师和投资者一起分享过本书的研究成果。当时我们就已经看

到，本书的研究领域和研究方式特别扣人心弦，彻底激发了大家进行目的明确的探讨和学习积极性。

我们谨将本书献给惠普公司前战略规划经理乔治·博德威（George Bodway），以及企业战略运营管理咨询公司的所有前同事和现同事。他们多年以来一直教导我们说，一项调研之所以有价值，是因为它所针对的核心问题值得研究。本书探讨的，正是这样一个值得深究的问题。

致增长期企业领导人的肺腑箴言：
吸取失速大企业的教训，尽早学习应对经验

增长期企业的领导人：

有关的学术研究成果和咨询建议比比皆是，但在管理领域中，增长战略这个主题依旧最难理解和把握。要做出令人信服的战略选择固然不易，但往往更具挑战性的是，精确诊断出当前战略问题的根源所在。

而最残酷的一点莫过于，你好不容易查找到了问题根源，却发现为时已晚，增长已然陷入失速甚至停滞状态。倘若你所领导的企业曾遭遇过增长停滞，那可能就知道最让人惊诧的，莫过于停滞的突如其来。大多数企业实际上是加速冲向增长失速点的，就好像支撑企业增长的战略推动力猛地一下，突然就消失了，于是增长的快车一下子就熄火了，接着，开始加速倒退。几乎没有高管能注意到停滞苗头，缘由是企业所采用的核心绩效指标往往无法指向即将显露的问题。除非管理团队能诊断出停滞根源，并在停滞发生后的短短几年内扭转颓势，带领企业迅速重回增长轨道，否则，公司可能永远都无法再恢复健康的收入增长。标准普尔500指数（S&P 500 index）显示，在增长停滞发生的前后5年，停滞公司的市值平均缩水74%，而在这期间有超过一半的时间，停滞公司的首席执行官和管理团队都在

不断地改朝换代。

估量停滞风险

以下自测题目可以帮助你评估所在企业当前所面临的停滞风险。回想一下你们对战略的有关探讨,以下哪个说法听起来耳熟?

战略主张一览表(多选)

- □ "客户将继续高度认可我们的溢价创新。"
- □ "客户乐于为我们的优质服务支付更高价格。"
- □ "我们的品牌强大有力,所以能帮助我们抵御新的竞争对手。"
- □ "为了获得更高的利润率,我们可以接受市场份额下降。"
- □ "我们的品质过硬,这让我们能够在市场中保持'非最佳但够高'的价格定位。"
- □ "我们正在计划的重大并购举措会促进增长。"
- □ "核心市场已经趋于饱和,所以必须开拓全新的市场。"
- □ "我们的业务组合看起来覆盖面过广,但却是相互补充的。因为当某项业务开始萎缩时,其他业务往往正在进入上升通道。"
- □ "增长暂停并不碍事,正好可以借机梳理一下核心业务。"
- □ "我们管理团队的效率非常高,因为它是与企业共同成长起来的,团队成员已经在一起共事很多年。"

贵公司符合的选项有几个,1个、4个甚至5个,抑或更多?即便如此,也不足为奇。上述战略主张极为常见,甚至可能的是,它们支撑起了一个公司运行良好的强大商业体系。实际上放眼市场的话你会发现,这类战略论调在龙头企业中尤为盛行。这些陈述能汇聚在一起的原因也在于,它们代表的是一类特定的战略主张,也就是战略假设,是公司将直接观察市场、竞争对手或技术后得出的见解和结论,载入战略规划,继而转化为指导公司运营的方针,最终凝聚而成的人人信奉的正统理念。

尽管这些陈述司空见惯，而且都源自现实，但它们的危险性却一点都不低。以上所列的战略假设在3M公司（3M）、苹果公司（Apple）、美国第一银行（BankOne）、卡特彼勒公司（Caterpillar）、戴姆勒-奔驰汽车公司（Daimler-Benz）、李维-斯特劳斯公司（Levi Strauss）、玩具反斗城公司（Toys "R" Us）、沃尔沃公司（Volvo）等各类大型企业的增长停滞期，都曾出现过。虽说以上假设在战略规划中的出现并不表明公司一定会发生增长停滞，但它的确表明，公司目前所面临的风险曾经让那些堪称楷模的大企业都插翅难飞。

为什么大多数企业的增长会停滞

所以，这些假设究竟是战略的基石，还是为所欲为的风险？麻烦的是，它们有可能两者皆是。随着时间的流逝，一个假设通常会逐渐地从战略基石演变为战略风险，会从对现实世界的准确描述转变为严重误导的或老掉牙的观点。而实际情况往往比这更可怕。我们在分析了各大一流企业数以百计的失速点之后，得出一个基本结论：往往正是管理团队最深信不疑的那些假设，那些在他们的脑海中已经根深蒂固，以至于没有再做过积极讨论的假设，让自己企业的增长之路变得危机四伏。换言之，你的企业增长受阻并非因为所依据的假设一开始就是迂阔之论，而更可能是因为当初的真知灼见变得不再合乎时宜。

由于种种原因，大部分高管团队并不会质疑或深究自己企业的战略假设，也不会为了确保它们继续反映市场真实情况和客户偏好，而对它们进行检测。其中的原因是多方面的，一方面是对高管的职责要求使然，企业之所以花钱聘请高管首席执行官团队，目的就是让他们制定企业愿景，然后坚定不移地付诸实施。另一方面在于对高管的个性要求，伟大企业的高管中，鲜少有人具有自我反省和自我怀疑这两种性格特质。还有一部分原因在于流程，首席执行官可能由于公司问题焦虑得夜不能寐，但却很少有机会可以毫无顾忌地表达出来。而就高管的行事风格来看，老实说，实际上所有战略计划模板中的"假设与风险"部分都会被他们当作走过场，并不会做深入研究。

应对之策在哪里

好消息是，我们在研究中对增长停滞这个领域已经做了充分了解，因此，对于本书读者可能会问的那些问题，以及应该会感到脆弱的那些点，我们可以指导进行应对，来避免重蹈覆辙。我们通过执行失速点计划（Stall Points Initiative），针对大型企业收入增长停滞的原因，以及它们为了避免这些停滞所采取的具体做法，做了一系列深入的研究和定量分析，在此基础上，形成了本书内容。书中的分析数据来自《财富》100强企业在过去50年内的增长历程和经验。我们深信，这些分析所提供的观点和见解可以广泛应用于各种雄心勃勃的高增长企业。

正确应用本书的五大步骤

本书面向所有参与制定并监测增长战略的人员，包括首席执行官、高管团队成员、战略人员、董事会成员等。为了更好地使用本书，我们建议读者采用下面5个步骤：

1. 首席执行官及战略团队应该阅读全书内容，尤其要重点关注第一部分"大型企业的增长经验"和第三部分"狙击停滞，跃出低谷"。对于第十二章和第十三章介绍的6种实践做法，应该加以认真评估，分析是否适合在自身企业内推行。

2. 高管团队的成员应该至少阅读本书的第二部分和第三部分，以便了解自己企业为什么会发生停滞，如何避免停滞问题的出现，或在问题出现后如何带领企业恢复增长。

3. 高管团队的所有成员都应该做一做附录3的题目，自测一下"是否关注到停滞来临前的预警信号"。我们在本书配套网站www.stallpoints.executiveboard.com提供了一个调查工具来帮助完成测试，测试结果不会对外公开。请战略负责人或外部顾问对测试结果进行分析，查找确定大家意见一致或存在分歧的领域，并针对这些领域组织开展集体讨论。

4. 讨论之后，应该明确哪些实践做法可以加以采用，来对战略假设进行持续的辨识和跟踪分析。请关注我们的配套网站，我们在上面对本书所列举的实践做法做了详细的补充说明，并不断更新同行其他公司最新的应对举措和计划。

5. 倘若贵公司正在遭遇增长停滞问题，那么你应该认真阅读最后一章"摆脱停滞泥潭"所提供的指导意见。我们对前辈企业重获增长动力的成功经验进行了分析评论，并在最后一章提出了5点建议，来指导企业制定重启增长的战略。

本书的每个组成要素，书中所提供的练习活动、相关的网站和工具，以及研究项目背后的真实高管网络等，都是为了读者更好使用本书而精心设计的。我们希望这些资源能帮到那些愿意投入必要的精力和时间来提升绩效的领导团队，成为他们做好这项关键活动的强大助力。

如果有任何疑问或需要帮助的话，请随时联系我们。

马修·奥尔森

德里克·范·贝弗

STALL POINTS
MOST COMPANIES STOP GROWING
YOURS DOESN'T HAVE TO

第一部分

大型企业的增长经验

第一章
探究清楚增长的极限究竟是什么

每当应邀向高管或商学院学生就企业发展问题发表演说时，我们通常会以一个简单的问题作为开场白，即企业的发展规模是否存在（理论上或经验上的）绝对极限？我们用一个图示曲线来形象地描述对这个问题的两个回答选项（见图1.1）。图中的两条曲线均以45°角从原点出发，左侧曲线逐渐走弯，慢慢趋平，右侧曲线则保持原有角度，向右上方扬长直行。你选哪条曲线？

就我们的调查来看，这两条曲线的支持率不相上下。投票结果通常是会逐渐倾向于"不存在极限"的这条曲线，但与另一条曲线的支持人数相差不多，最后结果大概是6∶4。认为企业增长"存在极限"的一方，列举出企业在发展中难免会遭遇的各种顽疾来支持自己的观点：规模越大，企业就相应地越复杂，随着企业增长到更大的体量，管理上所面临的挑战也会随之日益艰巨，以及其他类似问题。而支持企业增长"不存在极限"的阵营，则利用该问题的措辞本身所蕴含的原理来进行反驳：增长减缓并非规律，理论上也没有做此要求，再说了，市场正在全球化，管理科学正在完善，信息技术正在发展，这些因素的协同效应将会持续为大型企业提供广阔的增长空间。

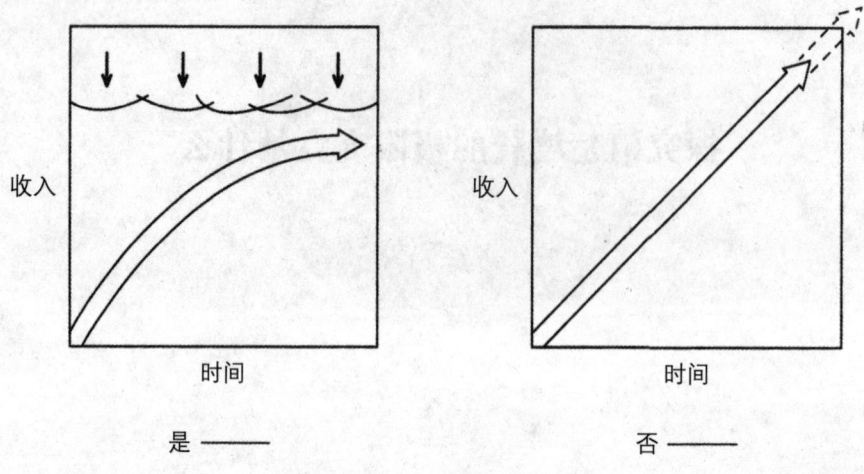

问题:"企业的发展规模是否存在(理论上或经验上的)绝对极限?"

图1.1 你认为哪条曲线对?

不论是哪一方的观点,都可以调集到学术权威的经典论述来加以佐证。在经典著作《看得见的手》(*The Visible Hand*)中,著名的经济历史学家阿尔弗雷德·钱德勒(Alfred Chandler)充分肯定了分部制和垂直整合等管理协调方式,认为它们的强大力量能帮助企业在全球经济中达到前所未有的规模和范围。这就为乐观派一方的观点奠定了基础。而对于谨慎派所在阵营来说,则可以引用伊迪丝·彭罗斯(Edith Penrose)的推理论断,她在《企业成长理论》(*The Theory of the Growth of the Firm*)一书中指出,当企业在管理上的需求超过其内部(或外部)供应时,增长就必然会放缓。近年来,哈佛商学院的克莱顿·克里斯滕森(Clayton Christensen)及相关学者提出,大型企业的资源分配体系根本无法有效地引导资源,让它们进入那些具有高增长机会的小规模新兴市场。

双方说的都有道理,这或许就是该问题颇具争议性的原因。认为增长存在极限,企业可以达到的绝对规模存在极限,企业在发展壮大过程中能够保持的增长速度存在极限,这些都是非常自然的想法。但是,我们针对大型企业在20世纪的增长经验做了分析，其结果确实表明，各类企业，甚至是最大型的企业，它们对更长期更高速增长的规划设计能力，都正在稳步提升。

失速点计划之缘起

对于在大型企业负责战略制定的高管而言，增长停滞无疑是个很现实的问题。大约10年前，惠普公司，这个当代标志性的增长型公司之一，开始在内部对这个问题展开仔细研究。我们有幸参与其中。

1996年春天，我们与时任惠普公司企划经理的乔治·博德威在帕洛阿尔托（Palo Alto）见了个面。当时我们其实是就另一个研究项目去采访他的。但在会面期间，他向我们展示了他几个月前所做的一个有趣分析。

当时，博德威为了给惠普公司做出更长远的规划，已经设计好了一个增长路径，希望借此确定如果保持其历史增长速度，公司规模将会增长到何种程度。对战略师来说，这种设计过程是愉悦而梦幻的。而近现代商业史专业的学生都应该清楚，惠普公司的增长表现极为亮眼。40年来，它的年均复合增长率一向高达20%，1987年闯入《财富》50强，并在1997年攀升至《财富》14强。博德威推断，倘若惠普继续沿着这条历史趋势线前进，它将在20世纪末21世纪初，跻身《财富》10强，几年后就可以位列《财富》5强，到2010年，将位居《财富》榜首。

但是在对比其他公司时，博德威注意到了一个问题。在《财富》榜首、5强和10强的公司，年增长率分别为3.3%、4.6%和7.8%，而惠普却保持19.5%的年复合增长率，且无意放慢。这就好似有一股不可抗拒的力量阻在了惠普公司看似坚定不移的目标面前。惠普多年来一直为自身的创造力和增长力而备感自豪，对它而言，这种阻力显然是个问题。

在意识到这一迫在眉睫的冲突之后，惠普公司的企划部决定正面迎战这个阻碍大企业增长的重要问题。1996年夏天，他们组织启动了惠普增长计划（HP Growth Initiative），由来自学术界、企业界和研究机构的合作伙伴组成一个多样化的团队，来全面研究这个问题。我们企业战略运营管理咨询公司也受邀参与了调研，根据历史数据来分析大型企业停滞的频次和原因，构建案例数据库。我们的项目由两部分组成，每一部分都是一项艰巨的任务。第一部分，是针对自1955年《财富》榜单指数设立起到现在，曾经位列《财富》50强的每家企业，对它们的增长历程进行纵向分析，了解增长停滞情况在大型企业中的普遍性，以及增长停滞对企业市值、人员雇佣、净收益增长和未来增长前景等方面的影响。第二部分，是从所有样本公司中选出50家具有代表性的案例公司，对它们进行深入的研究和分析，了解企业的增长到底为什么会停滞。我们公司的分析师团队对这些案例公司进行了全面详尽的研究，全面分析了期刊文章、书籍、案例研究和分析师报告等二手资料，并与公司代表和外部专家进行了深入的个人访谈。这50家企业的各种卷宗把我们文件柜的6个抽屉塞得满满当当，我们据此对每个案例进行详细分析，查找确定每家企业发生增长停滞的根源，以及它们目前对于增长问题所持有的观点。此外，我们对每家企业的管理层进行深入访谈，询问他们是否注意到增长停滞的苗头，增长停滞对企业造成了哪些影响，以及他们是否曾努力采取什么行动来克服增长停滞。

  这就是失速点计划的起源，整个计划在惠普公司工作小组的指导下推进，研究成果先是提交给该工作小组，之后，与我们公司的会员企业做了分享。我们的研究发现让所有参与者警醒，尤其是惠普公司的管理团队（"失速点"这个名称很显然意味着，该研究会释放一些让人难以接受的信息）。现在回头来看，惠普公司在过去10年的发展历程与乔治·博德威当初向我们展示的那个设想完全不同：公司在1999年剥离了安捷伦（Agilent），2001年随即遭遇增长停滞，这种戏剧性在卡莉·菲奥莉娜（Carly Fiorina）执掌公司的岁月中曾经轰动一时。后来为了应对戴尔公司的挑战，惠普全面革新其个人电脑业务的商业模式，而在这一过程中，公司所有人的关注焦点都在收入增长上，所以到我们撰写本书时，公司的增长恢复得相当有成效。惠普公司目前位居《财富》榜单的第14强，公布的年收入增长率为7%—8%，年收入纪录逼近1000亿美元。

2015群体崛起

我们之所以对这项重要研究加以更新,将研究成果分享给更多的读者,是因为我们相信,它可以帮助更多的管理团队理解失速点并汲取经验教训,从而采取相应行动。而过去10年来的两个明显趋势,也迫切要求那些正在或将要步入大企业行列的公司及时了解并应对增长停滞问题。

在我们关于失速点的分析中最具挑战性的一个发现是,历史数据明确显示出了一个停滞危险区,它是以企业收入来衡量的一个绝对水平,多数大型企业在达到这个收入水平时,增长已经停滞(我们将在第二章对这个"危险区"做详细介绍)。过去50年来,这个危险的收入水平以约等于美国国民生产总值(GNP)的增长速度稳步攀升,目前达到了大约400亿美元。

这一发现尤为实用,其原因在于未来几年内,将会有数量空前的企业接近这一危险区。我们将这个现象称为"2015群体崛起",也就是说在过去几十年内,大型企业数量不断增加,接下来10年将继续扩充,并于2015年出现明显的膨胀。在这种趋势下,数量空前的企业都立志达到前所未有的规模,都在向企业巨大症发展,这就造成了一个后果,众多管理团队现在纷纷设计路线,带领自己的公司迈向停滞危险区。

各行业龙头企业的财富越来越集中,规模也越来越大。有关的增长文献对此做了详细述评。在《全球巨头时代的战略》(Strategy in an Era of Global Giants)这份出色的研究报告中,麦肯锡公司(McKinsey and Company)的洛厄尔·布莱恩(Lowell Bryan)和米歇尔·扎尼尼(Michele Zanini)记录了过去几十年内"巨无霸企业"(megainstitution)的崛起。他们的具体研究对象是截至2004年底,市值最高的150家全球性公司。不管是从个体还是从整体来看,这些巨无霸企业的市场份额及市值都比以往更庞大,它们彻底重新定义了我们对于企业规模所能达到界限的理解。2004年,巨无霸企业的平均市值达790亿美元,平均年收入为480亿美元，平均年净收益超过44亿美元，平均员工数量超过10万人。与历史先例相比，这些巨无霸中的佼佼者甚至已经达到了令人难以置信的规模：2004年，沃尔玛公司的员工数量有170万，年收入达2860亿美元；埃克森美孚公司的净收益达到250亿美元；通用电气公司的市值已经接近4000亿美元。

不仅这些龙头企业增长到了前所未见的规模，而且我们预计在接下来10年，2015群体中的巨无霸企业数量会继续大幅增加。为了衡量这一现象，我们计算了目前有多少家企业已经达到1955年《财富》100强榜单创建时的上榜标准。在1955年，最早进入《财富》100强榜单的美标公司（American Standard），其年收入是3亿美元，转换到2006年，这个数字需要达到18亿美元。那么有多少公司达到或已经超过这个规模呢？我们之后又延长推算了10年直到2015年，看这一数字将会是多少。简言之，巨型企业的数量在过去50年内增长了近30倍，从100家增加到了2808家，并且未来10年，这一数字将再翻一番，到2015年，将达到6728家。届时，巨型企业数量增长速度最快的国家不再是美国：来自美国以外的巨型企业将从2004年的1800家增加到2015年的5200家。而这其中，共有超过6700家企业正在闷头冲向我们前面所提及的停滞危险区。当这些企业的管理团队雄心勃勃地践行其远大抱负时，等待他们的会是陷阱或罗网吗？

收入增长的挑战加剧

当然，不仅仅只有这些雄心勃勃的行业佼佼者将增长挑战提上了日程。大型企业管理团队所宣称的各种增长目标都反映出，他们希望能再次获得20世纪90年代末的那种迅猛增长速度。然而事实证明，这一野心越来越难以实现了。我们分析了年收入达到10亿美元及以上的企业，结果显示，它们在21世纪前5年内的总体增长率仅为20世纪最后5年内的一半。这些企业在1995—2000年的年均增长率为9.2%，2000—2005年降到了4.9%。对那些年收入超过100亿美元的企业而言，情况尤为严重。它们在1995—2000年的年均增长率尚且为8%，而到2000—2005年，公布的年均增长率仅为4.3%。市场及行业龙头常常将重获高速增长的强烈愿望挂在嘴边，但这种现实中的个位数增长率，却与之形成了鲜明的对比。

这种情况出现的一个原因可能在于，我们近年来促进收益增长的惯用手段正在失去效果。为了落实这个推测，我们调查了自20世纪90年代中期以来，收益增长率与收入增长率之间的大量脱钩现象。目前这两者之间的差距正在进一步加速扩大。图1.2记录了在1955—2005年期间，规模达到《财富》100强的那些大型企业，收益和收入每隔五年的同比增长情况。我们同时也将这个时间段划分为三个时代。第一个阶段是该时间段的前30年，是一种规范的状态，我们称为同步增长时代。在这个阶段，收入增长率和收益增长率大体上亦步亦趋。第二个阶段是1985—2000年，我们称为企业重组时代。在这一时期，收益增长率与收入增长率渐行渐远，到2000年，两者的差距达到了5%。第三个阶段是从2000年起延续到现在，我们称为脱钩后的收益增长时代，在这个阶段，收益增长率比收入增长率整整超出了10个百分点。

可是当企业高管人员看到这张图示时，他们的典型反应却绝非警醒。毕竟对当今的企业领导人而言，获得越来越高的收入回报率实际上是对他们的核心要求。但这个长达50年跨度的长视图，还是让企业当前所面临的挑战清晰地呈现了出来。表面上看起来，20世纪90年代初期所进行的企业重组和业务流程再造促使收益增长大幅提速，将收入增长远远地抛在了后面。但随着大型企业的收益增长速度超过收入增长速度的2倍，关键问题就变了，人们开始担心收入增长和收益增长之间这种前所未有的脱钩情况究竟会持续多久。

延长增长之路

企业的"增长预期"通常是一条S形的曲线，先是会经历一个或短或长的探索期来寻找可行方案，并围绕该方案组织企业发展，之后（如果幸运的话）随着这个正确方案在市场中赶上好时机，实现长达几十年的迅猛增长。

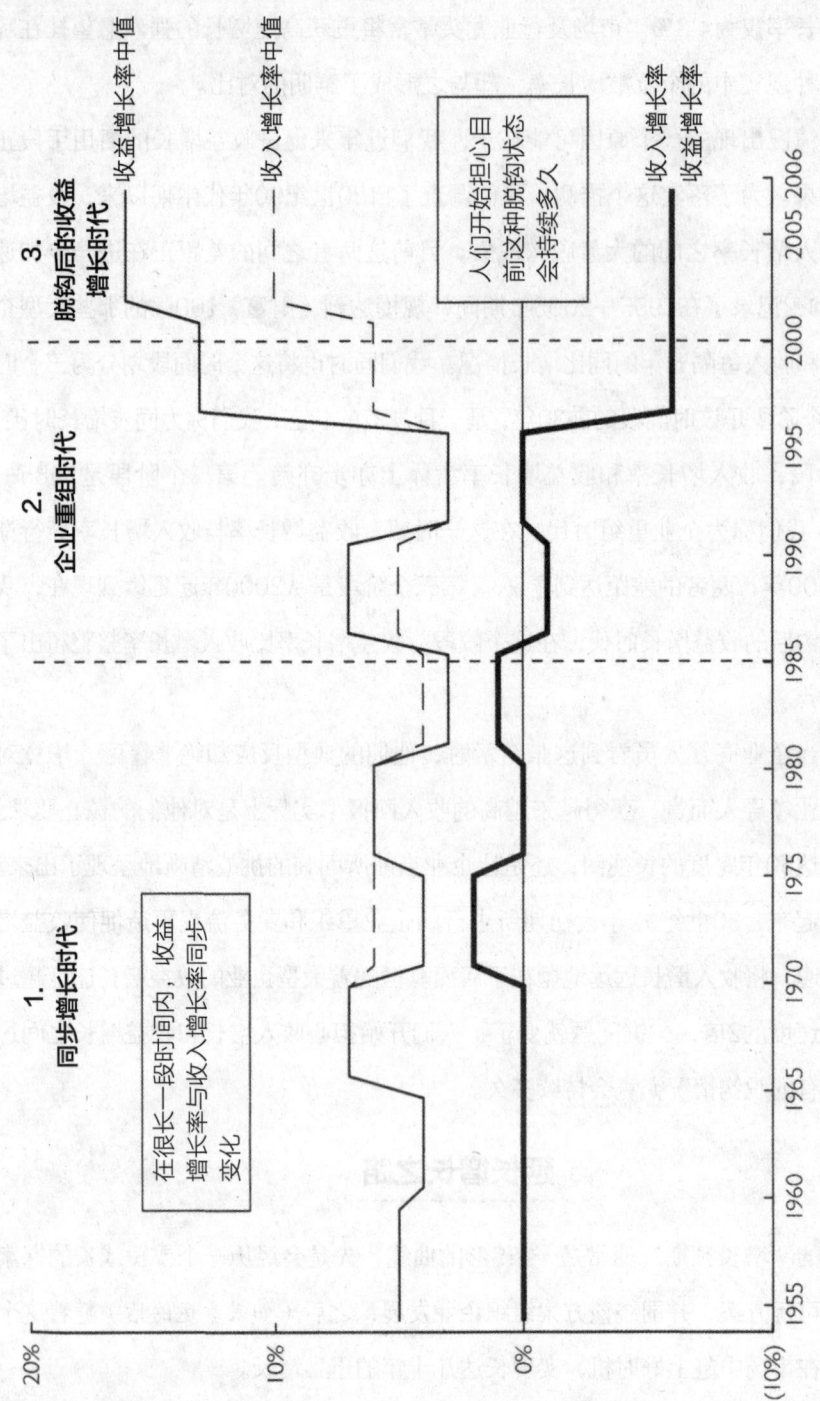

图1.2 收入增长率和收益增长率的脱钩现象：
1955—2006年，《财富》100强企业的收入增长和收益增长情况对比

很少有企业会充分察觉到"失速点"——这个增长率明显开始下行的拐点，这也许是由于它本身的微妙性，又或者是因为企业难以围绕一个尚未最终成形的不安事实来组织开展讨论。对大多数企业而言，失速点是会带来持久影响的一次性事件。它们会认为自己从这个转折点起，将不再具有预期优势，高速增长时期结束，进入一个更加成熟稳定的时期。也会认为在这一成熟时期，企业的估值将比较低，因为市场对企业未来状态的预期在调整，市场估值的压力会逐渐来自公司的收益增长，而不是收入增长。

这其中最值得注意的并非这种转折模式反复发生，而是在它每次出现的最后，有能力的企业及其管理团队会时不时地超出人们预期，让失速及其后果延迟出现，让公司继续保持增长。这种成就并不多见，因而其本身就会引起金融界的特别关注，从而也成为企业精英难以抗拒的一种目标。

明确增长的极限

那么，究竟是什么原因导致巨型企业走到了增长期的尽头？当企业在增长过程中遭遇持续多年的重大转折点，即我们标记出来的停滞期时，是因为外部市场环境发生了变化、政府监管行为限制了发展，还是由于企业自身内部的某种神秘力量所致？企业巨大症浪潮将在未来10年内掀起并席卷全球，因而对于惠普、微软、沃尔玛这些现代巨型企业的高管团队以及对于整个社会而言，亟须明确发展的极限，这是个与时俱进的重要问题。

在思考这个问题时，即使是那些最崇尚经验主义的思想家，也难免会将它与人类自身的成长及能力变化过程进行类比。一个多世纪前，阿尔弗雷德·马歇尔在其所著的《经济学原理》(Principles of Economics)一书中，将企业的生命周期比作人的一生，先是在成长中获得力量变得成熟，然后不可避免地开始衰老，直到被更年轻、更有活力的竞争对手所取代。在此过程中普遍存在经典的S形增长曲线，小企业先是不断挣扎着努力生存，然后终于在偶然间发现了适合自身的增长路径，

于是它加速增长为中型企业，很快再跻身于大型企业行列，最终，增长曲线趋平，进入预期的成熟期。

这种思路显然认为，巨型企业在自身市场完全饱和后必定就已经达到一个巅峰。对此有的人看法会比较简单（美国市场还能再支撑起多少个沃尔玛？），也有的人会针对各种"中端"产品和服务需求在全球范围内的饱和情况展开更为复杂的争论。

另外，人口生态学领域及产业组织领域的理论家也研磨了衰退问题，他们的观点是，企业受限于永恒不变的组织生命周期理论，其衰退确实是不可避免的。比如像亨利·明茨伯格（Henry Mintzberg）这位敏锐的观察家，他同时从组织理论和公司战略这两个角度分析了这个问题。他曾写道："我们难道不应该鼓励大型的过气企业主动让位吗？这样它们就可以在更新换代的自然周期中被那些更年轻、规模更小、限制更少且更具有活力的企业自然而然地取代。"并购大王亨利·克拉维斯（Henry Kravis）对这一观点的完美践行几乎无人能及。

尽管学术界对此问题也颇感兴趣，但鲜有相关的应用研究。而先前已经完成的研究则大都倾向于关注企业增长绩效在短期内的波动。比如，麦肯锡公司在2005年做了这样一项研究，考察大型企业的"跌落率"，即行业内收入增长排名在前1/5的企业在5年内跌出前1/5的可能性。不出所料，他们发现自20世纪70年代中期以来，这一比率已经翻了3倍，他们认为，各种"超级竞争"力量的聚集，是导致这种情况出现的罪魁祸首。

现在，让我们把关注重点放在宛如昨日的20世纪，来分析一下在这期间有关增长极限的实证记录。

企业增长是否存在上限

首先，就企业规模是否存在绝对值这个问题而言，大型企业的集体经验表明的确存在一定的外在界限，我们正在接近它，但同时，我们也跟随时间及我们雄心的演变在重新界定这个增长上限。

我们对这个上限的详尽分析和阐述是惠普失速点计划的起点，而正是这个计划促成了本书的诞生。图1.3由惠普公司战略部门的分析师绘制，描绘了45家最大型的美国企业在20世纪的收入增长历程。我们将这张图放大到了办公室挂图大小。但即使是照本书中的这个比例大小，你也能从中清晰地领悟到两个观点。图中每个线条都分别对应表示一个企业巨头的增长历程：19世纪末，通用电气公司的增长突然开始飞升；西屋电气公司紧随其后也开始飞速增长；到20世纪20年代初，美国无线电公司的增长开始直线上升。另外，如果退后一步，眯起眼把所有这些企业的增长历程视为一个整体，你就会在图上发现一种更为重要的模式，也就是我们所称的"云层"。你会看到，无论每家企业的增长轨迹如何，在它接近企业排行榜顶端时，增长轨迹就会趋平，甚至出现停滞，之后，会回落汇集到云层中。这就好像有只隐形的手拽住了它的增长野心，在将它往下拖。

此外该云层图显示，增长率随着企业规模增大而趋缓。这不仅仅对于图中这组最大型公司而言是真实情况，对于所有大型企业都是这样。为了验证这一点，我们选取了1600家在过去10年中年均收入超过10亿美元的上市公司，分析了它们在这期间的增长率，并将增长率与该时期末的企业规模做了对比分析（见图1.4）。位于图中横轴低端（左端）的企业，2006年的收入约为10亿美元，你可以看到，这些企业在这10年期间的增长率变化范围非常大，从-20%到160%。当从左向右移动时，你会看到企业的实际收入增长率在逐渐变小，变化幅度也趋于扁平，到年收入1000亿美元及以上的超大型企业级别时，平均增长率仅为6%。这一结果是如此常见并且在人们的意料之中，原因何在？

图1.3和图1.4分别从两种视角呈现了大型企业的增长影像：图1.3是一个掠影，展示了美国一小部分最大型企业在过去一个世纪内的增长历程；图1.4是一个剪影，揭示了在为期10年的一个时间段内，企业规模与增长之间的变化关系，所针对的企业范围更广，时间跨度更短，也更接近于现在。但这两种视角都没能深入回答高

STALL POINTS
MOST COMPANIES STOP GROWING
YOURS DOESN'T HAVE TO

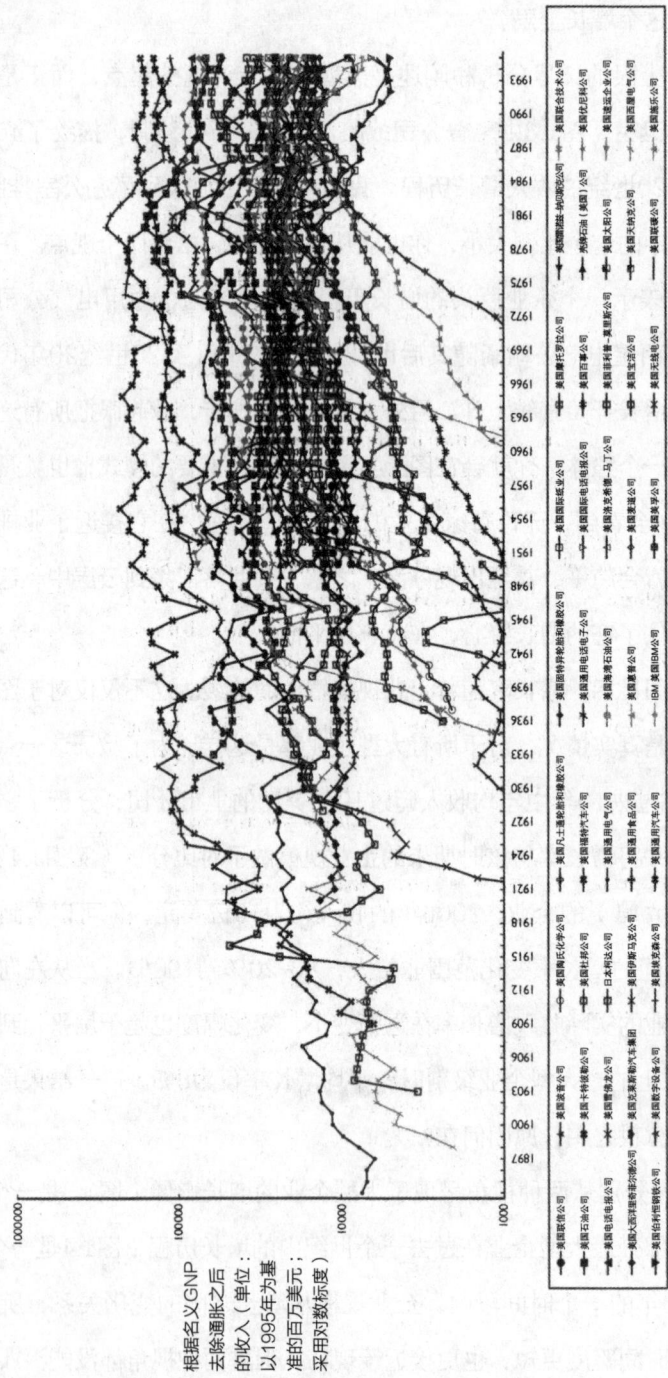

图1.3 阻挠连续增长的障碍是什么？
美国45家最大型企业在1895—1995年期间的收入变化情况

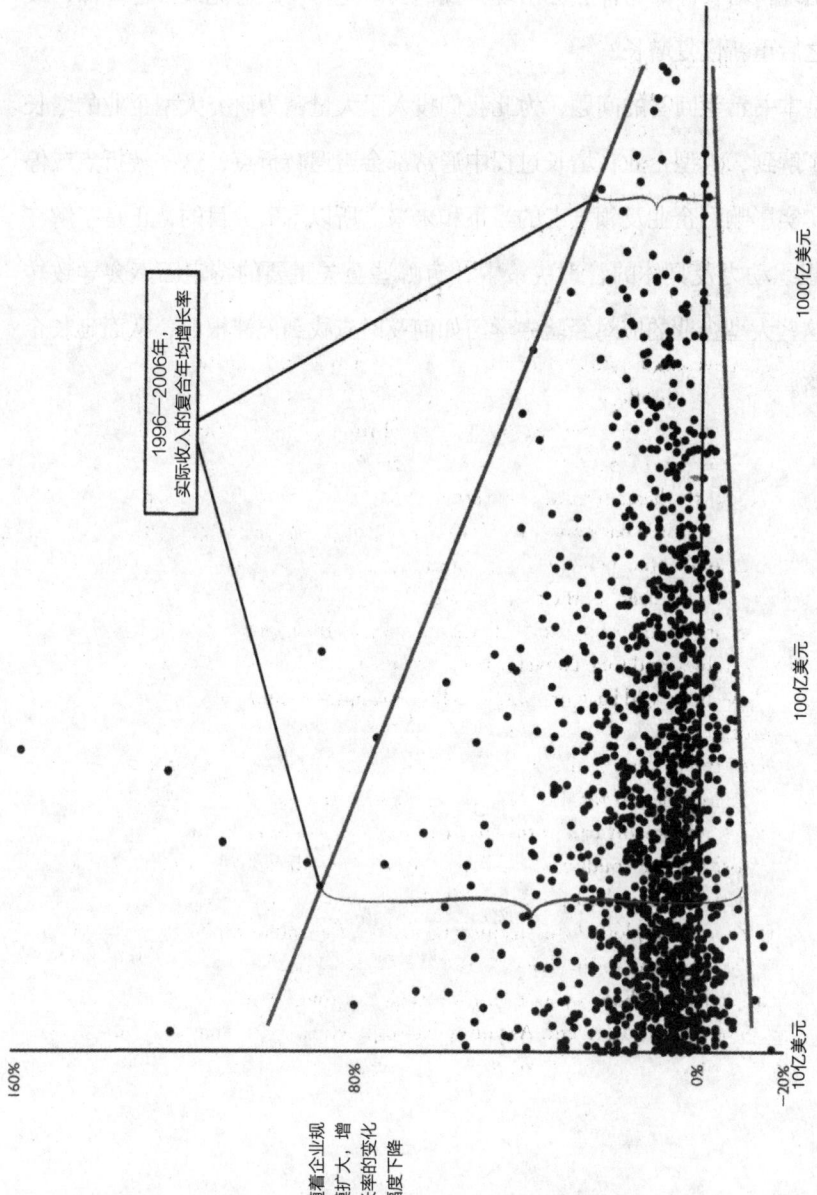

图1.4 企业规模与增长率之间的变化关系：1600家上市公司的统计数据（1996—2006年）

管内心的核心问题：增长停滞现象有多普遍？增长停滞问题是不可避免的吗？增长停滞何时会出现？增长停滞为什么会出现？我们公司是否可以避免或推迟停滞，或能否在停滞之后重新恢复增长？

　　这些也是本书希望回答的问题，为此我们投入了大量精力研究大型企业的增长动力。我们了解到，大型企业在增长过程中通常都会遭遇转折点，这些转折点或停滞期会切切实实影响到企业及领导者的当下和未来。所以本书的目的，正是了解在市场环境、组织动力及具体的管理决策中，有哪些至关重要的特定因素会导致转折，并且从这些大型企业的应对经验中学习如何及时查找到停滞根源，从而延长企业的增长之路。

第二章
失速点会悄然而至

上一章提到,我们受邀参与了惠普的增长研究计划,负责其中一项重大任务:回顾大型企业的增长历史,查找并确定这类企业增长停滞问题的发生率、后果及其根源。这的确是一项非常庞大且艰巨的研究工作,因为我们得筛选出过去50年内达到《财富》100强规模的所有企业作为研究样本,深入分析这500多家公司在50年内的增长历程,挖掘相当于2.5万年的企业发展经验。所以,分析师如何确定分析的重点呢?

面对这么一项浩瀚艰巨的任务,我们制定了一套研究方法。通过该方法,我们查找并识别出这些企业在其增长历程中最重要的那些阶段——重大转折点,而不是那些仅仅持续了两三年的财富起落。我们在附录1中对这套方法做了详细完整的阐述。这套方法对于广大读者而言,最重要的一点就是要搞懂其中的"失速点"这个极为有用的概念。

失速点是指公司财富中持续多年的长期转折点,也就是说,企业的收入增长速度自此时起出现了显著的下滑。在这个表述中,需要注意以下两点:我们用"显著的"这个词,意在区别于短期的、周期性的增速下滑,或者是微妙的、轻微的增速变化；用"下滑"这个词，意在表达增长速度放慢，并不一定就是负增长。当然，极其精确的既定失速点是不存在的，这种识别失速点的做法的实际作用在于，可帮助我们确定出企业历史上最值得详细分析的那些阶段。我们将在下文中进一步阐明这个概念，也就是说，失速点指的是在该年度里，企业增长速度出现了一个极其巨大的落差，或者说差值，但该年度并不一定是管理层开始采取行动、应对增长挑战的那一年，也不一定是公司财富出现逆转（或结束逆转）的那一年。也许对于失速点最妥当的理解，就是说在它所标识出的那一年，任何对企业了解较多的人（企业高管、外部观察员或分析师等）都会注意到企业有麻烦了，它正在酝酿之中，即将爆发。这个特征让失速点成为我们研究中格外管用的一个着力点。

确定各年的增长率差值

为了落实失速点，我们采用逐年移动的办法，对样本公司在研究期内每10年的增长率做了对比分析。我们将每两个10年增长率之间的差异值，称为当年的"增长率差值"。为了延展分析的时间范围，当逐年移动到研究期的最后几年时，我们将时间跨度进行了缩短，比如，将1991—2001年这10年，与2001—2006年这5年加以比较。增长率差值最大的年份，即增长速度下降最严重的时间定点，也就是被界定为该企业的失速点。

为了让这个方法更便于理解，我们绘制了古德里奇公司（Goodrich Corporation）20年间的增长轨迹图（见图2.1）。该公司于1870年由本杰明·富兰克林·古德里奇（Benjamin Franklin Goodrich）创立于俄亥俄州阿克伦市，在发展历史上以创新为特色，其实验室早期具有里程碑意义的发现包括聚氯乙烯、合成橡胶、无内胎轮胎等。1955年，该公司在《财富》100强榜单中排名第44位，当年收入为6.3亿美元，12年后的1967年，公司年收入突破了10亿美元大关。

该公司近年来的发展极为跌宕起伏，曾于1988年退出其标志性的轮胎业务，近年来又做出调整，将业务重心完全回归到了轮胎业务。所以在过去的50年内，

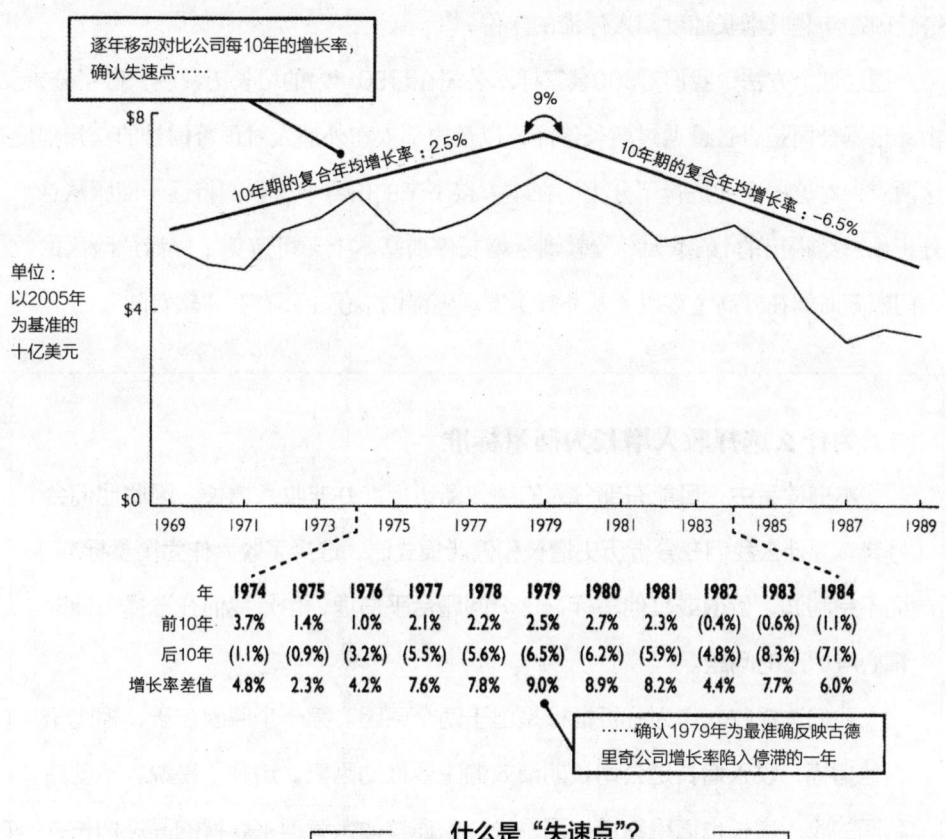

图2.1　失速点在哪里？古德里奇公司1969—1989年间的收入增长分析

也就是从1955年到现在，哪段时间是古德里奇公司的停滞期？为了回答这个问题，我们对比了古德里奇公司在研究期内每10年的增长率差异。图2.1中重现的历史片段提供了答案。以图下方第一列的1974年为例，我们可以看到，1974年之前10年的增长率为3.7%，之后10年的增长率为−1.1%，两者的差值为4.8%。从图下方的最后一行可以看出，差值绝对值最大的一年为1979年，因而对于古德里奇公司而言，1979年是其增长速度陷入停滞的年份。

通过这个方法，我们对500余家样本公司在近50年内的增长历程逐一做了分析。由此根据公司是否曾遭遇过增长停滞，以及内部人和外部人对预警信号的获知程度这两点，对这些企业进行了分类。在本章接下来的内容中，我们将逐一回顾从这个分析中总结得出的4条重大经验教训：增长停滞基本上无可避免；停滞危险区的收入门槛随时间在升高；难以（从外部）发现停滞的端倪；不存在"软着陆"。

为什么选择收入增长为衡量标准

本书读者中，可能有部分人的绩效衡量标准并非收入增长，因此他们会好奇，为什么我们在分析历史增长和停滞模式时，选择了收入作为衡量标准，而不是利润、价值或其他指标。这个问题合乎情理，也是我们在选择指标时精心考虑过的问题。

我们选择收入作为分析指标是出于两个原因。第一个原因在于，相比于其他指标，收入增长是公司长期绩效的主要推动因素。这并不是说，不创造利润的收入增长也值得称道，而是说，仅通过盈余管理来获得的高速增长并不具备可持续性。第二个原因更为寻常：历年的收入数据很难被操纵。相比之下，市值和利润这些指标则更为可变。如果用一个基础指数来剔除市值中的通货膨胀因素，这种做法可以在一定程度上消除可变性，但也不能完全消除。对于利润而言，一次性费用、会计规则变化，以及不可避免的短期性操纵行为等都会产生复合效应，导致利润数据出现诸多峰值和谷值。

由于我们的研究覆盖面广泛，涉及几十个行业的数百家公司，而且时间跨度长，超过50年，所以我们着重讨论收入表现，这将指引我们找到企业增长历史中最重要的那些转折点。

增长停滞基本上无可避免

在我们分析《财富》100强公司的增长历程时，最容易得出的结论就是，大部分大型企业都曾遭遇过停滞。"树木长不到高与天齐"是一句耳熟能详的老生常谈，但实际上更有趣的一点是，我们发现，那些可能出现增长停滞的公司，其规模可大可小：尽管绝大部分停滞都发生在收入10亿—100亿美元之间的公司内，但任何规模的企业都有可能出现增长停滞。所以，增长停滞会发生在任何企业身上，而事实也的确如此。对大部分公司而言，这个问题并非由规模过大所导致，因为大部分停滞正好就出现在企业达到巨型规模之前（样本企业的完整列表及其停滞年份见附录2）。

为了了解增长停滞的普遍性，我们将样本企业划分为3种类型：增长停滞型；增长重启型；持续增长型（见图2.2）。

正如上文中所提到的，我们研究样本中的绝大多数（87%）《财富》100强企业和全球100强企业都曾遭遇增长停滞，它们在研究期内出现了一个或多个失速点。剩下13%的企业在研究期内保持了稳定的增长势头（实际增长率一直高于6%，或者没有出现过大于4%的严重下滑）。这类公司通常是处于第一轮增长期之内，比如百思买（Best Buy），或者是正处于特定的行业潮流之中，比如微软（Microsoft）和戴尔（Dell）。在所有样本公司中，持续增长型企业在研究期内呈现出非常亮眼的增长历史，其实际收入的年均复合增长率为11.6%，市值的年均复合增长率则高达14%。

事实证明，在遭遇停滞之后，企业要重新恢复增长并非易事。大多数遭遇过停滞的企业再也没能恢复往日突飞猛进的飞速发展（也就是说，自增长停滞发生后到现在，公司的实际增长率低于6%）。在所有样本企业中，仅有11%的公司能摆脱停滞并东山再起。这类企业都是来自各行各业的有趣公司，其中包括强生（Johnson and Johnson）、麦克森（McKesson）、泰森食品（Tyson Foods）等。

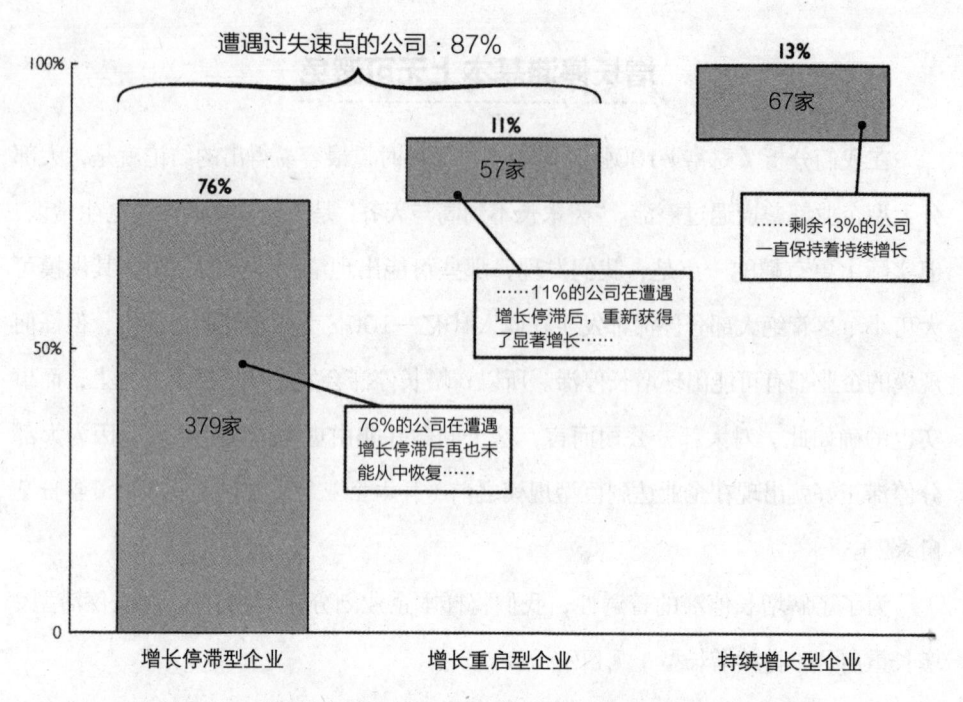

图2.2 停滞概率示意图：《财富》100强样本企业的增长历程

遭遇过失速点的公司：87%

- 76%（379家）增长停滞型企业……76%的公司在遭遇增长停滞后再也未能从中恢复……
- 11%（57家）增长重启型企业……11%的公司在遭遇增长停滞后，重新获得了显著增长……
- 13%（67家）持续增长型企业……剩余13%的公司一直保持着持续增长

停滞危险区的收入门槛随时间在升高

我们针对1955年至今的失速点进行了综合分析，结果显示，阻挡大型企业增长进程的外部屏障正在随着时间逐渐上升（见图2.3）。

过去50年内，大型企业遭遇停滞时的危险区收入水平以每年约4%的速度在持续上升。其原因可能在于市场在持续全球化、不断有新的信息技术投入应用，以及最优管理实践在不断发展中日趋复杂化。这些因素共同将触及停滞危险区的企业规模中值从1965年的不到100亿美元（按当前美元价值）提高到了目前的将近400亿美元。未来，这些因素很可能会继续为大型企业的高管团队创造更大的收入增长空间。

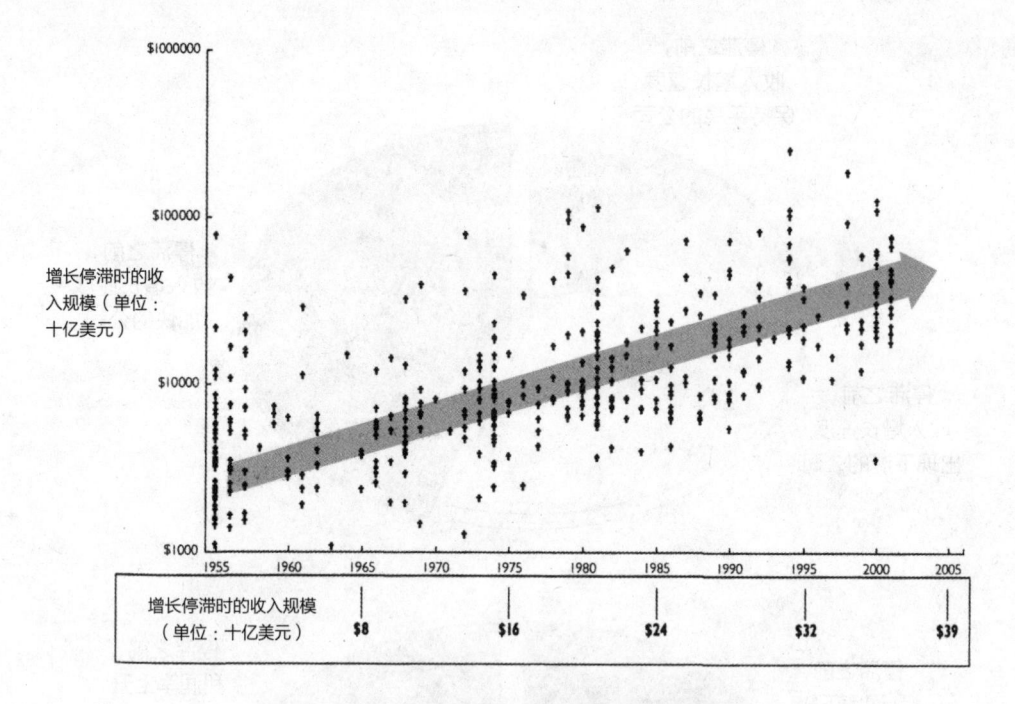

图2.3　停滞"危险区"的门槛随时间在升高：
1955—2005年企业发生停滞时的规模

难以（从外部）发现停滞的端倪

我们的第三个重大发现就是，在停滞来临时很难察觉，至少从公司外部来说情况如此。在研究中，我们对公司收入即将发生停滞前的那一段时间进行了分析，以期能从中了解外部分析师是否可以发现公司即将出现停滞的线索，也就是说，在收入或收益增长率中是否存在某种模式可以被视为停滞的先行指标。

至少从公司外部来说，答案是"否"，并不存在任何明确的先行指标（见图2.4）。这一发现让证券分析人员尤感不安，因为他们很希望有某种信号能"告知"或预示一下即将出现的增长下滑。但在曾遭遇停滞的样本企业中，45%的公司在进入停滞期之前，其收入增长率实际上是在不断加速。只有42%的企业在停滞的那

STALL POINTS
MOST COMPANIES STOP GROWING
YOURS DOESN'T HAVE TO

停滞之前，
收入增长速度
保持平稳的公司

13%

42%

停滞之前，
收入增长速度
出现下滑的公司

45%

停滞之前，
收入增长速度
加快的公司

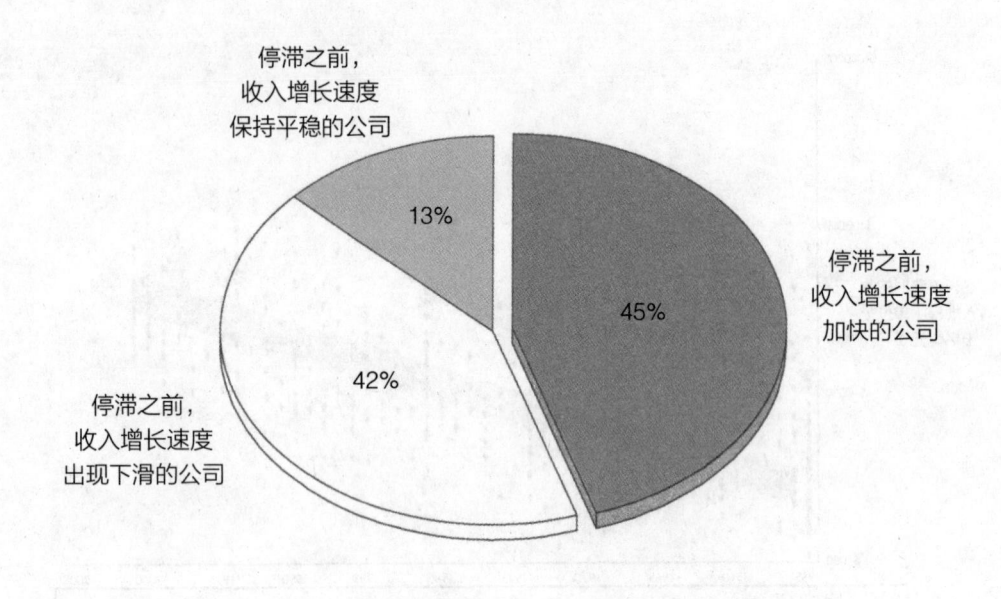

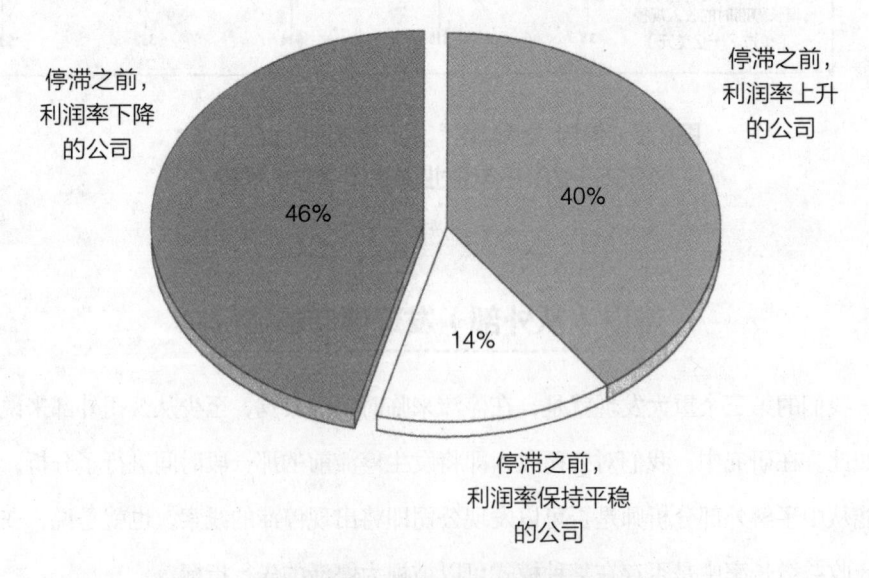

停滞之前，
利润率下降
的公司

46%

40%

停滞之前，
利润率上升
的公司

14%

停滞之前，
利润率保持平稳
的公司

**图2.4　遭遇增长停滞的公司基本没有得到预警：
增长停滞前的收入和利润率情况**

一年到来之前，其收入增长速度曾经出现过下滑。停滞出现前的收入增长加快，通常是通过并购实现的"买得收入"，是一直以来被使用的一种模式。比如在1966年，美国无线电公司任命传奇将军的儿子罗伯特·萨尔诺夫（Robert Sarnoff）担任首席执行官，自此，该公司开启了"小小放纵"之旅，在当年就收购了兰登书屋（Random House），次年又收购了赫兹公司（Hertz）。该公司在1967年出现了停滞，在此前3年，年平均增长率冲高到了9.2%，而此后3年，则一路下探到了-2.2%。就近来看，菲利普-莫里斯公司（Philip Morris）的管理层重蹈了美国无线电公司的覆辙。该公司在1994年之前的几年内，对通用食品公司（General Foods）和卡夫食品公司（Kraft）进行了收购，然后在1994年遭遇了增长停滞，1994年之前的3年，其年平均增长率一度高达16.7%，而之后的3年，年平均增长率为-3.1%。

在失速点出现之前，利润率的变化也基本上无法有效地提供预警，这就使得对于停滞的预知难上加难。在停滞出现之前的那一年，利润率下滑（是一种提前"买入"未来收入增长的迹象）的公司数量仅稍多于利润率继续增长的企业数量。雷神公司（Raytheon）在1981年营业收入达到50亿美元时，遭遇了增长停滞。就在停滞发生前的那几年，该公司利润率出现了令人惊奇的增长，其净利率从1971年的2.8%稳步攀升到了1979年的5.5%。而此后一年，在1980年，收入转为负增长。

这些数据表明，如果通过财务模型来预测即将发生的收入问题，会导致竞争环境和管理行为等更深层次的停滞因素被严重疏忽。

不存在"软着陆"

在我们对"增长停滞"的研究中最重大的一个发现就是，当停滞来临时，即使是管理层这样的掌握机密信息的内部人士，也跟我们一样惊诧。不管怎么说，停滞来得太快太突然了（见图2.5）。

人们倾向于将企业的增长轨迹想象成好似滑翔机飘浮于气流之上一般，当风渐渐平息时，公司的管理层会如同滑翔机驾驶员一样，引导公司进行软着陆。我们在

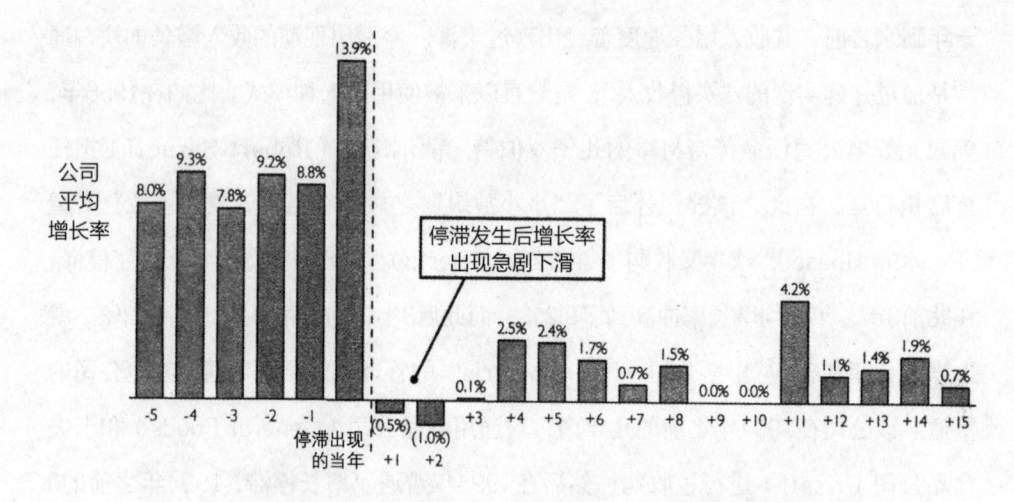

STALL POINTS
MOST COMPANIES STOP GROWING
YOURS DOESN'T HAVE TO

图2.5　增长率不存在"软着陆":停滞前后几年公司的收入增长情况

第一章提到过经典的S形增长曲线,无疑就会让人联想到这种缓慢减速模式。但事实上,企业的增长下滑更像是岩石落地,而不是滑翔机着陆。我们以停滞当年为基点,对失速点前后几年的收入增长率进行了分析。管理团队希望增长速度缓慢下降,继而缓慢进入低增长率的成熟期,但是我们的分析结果却会让他们惴惴不安。研究结果表明,软着陆从本质上来说极其罕见,大部分企业在遭遇停滞时,收入增长率会出现大幅度的骤然下滑。在我们的研究样本中,有400余家公司曾遭遇过增长停滞。在停滞出现前的5年内,它们的收入增长率在8%到10%之间徘徊。而就在停滞当年之前的那一年,这些公司的平均增长率大幅提升到接近14%,紧接着,就出现了断崖式下跌。在停滞当年之后的两年里,增长率变为负数,此后10年间,增长率仅剩可怜的0.7%。

这种巨大的落差(锯齿状模式)具有重要的意义,因为它直接引导我们得出了以下这个核心发现。增长停滞的突如其来让我们不难推断出,外部分析师是通过认真钻研公司对外公开披露的财务数据及报表,来寻找反映公司发展前景的蛛丝马迹,因而他们也同我们一样,对停滞的突然出现感到惊讶错愕。我们相信,管理层对停滞的出现也感到同样惊讶，至少会被它们的凶猛亮相和盘桓姿态惊骇到。在停滞出现后，收入增长率出现了急剧下滑，这至少表明有一些动态因素被管理层忽视了。数据也显示，管理人员很难在管理活动中对企业的长期增长和短期增长做好权衡兼顾。当我们将这一发现与波士顿咨询集团（Boston Consulting Group）的乔治·斯塔克（George Stalk）分享时，他很快就在其中洞察到了正在反复提醒管理层的那个预警信号：变故往往会比想象中来得更快，因而企业必须做出比想象中更快速度的应对。对于他注意到的这点，我们也将在后续的章节中通过案例做出更详细的阐述。

第三章
增长失速进而停滞的惨痛后果

我们前面分析了停滞的普遍性，在这第一部分内容的最后，我们来对停滞的严重后果加以解析。就此我们对两个时间段内的停滞成本进行了分析：首先是在停滞发生时，公司市值和员工流动率所受的影响有多严重；其次是在停滞发生之后，最终恢复增长的希望有多少，"东山再起"究竟有多难。本章的研究结果不容乐观。

惩罚会迟到，但绝不会缺席

正如我们之前所发现的那样，增长停滞是非常普遍的现象，但是这种普遍性却并不会减轻市场中正在等待停滞公司的严重惩罚。我们用一个简单的图示来解释我们这项最大发现：虽然市场对停滞的反应可能会滞后，但它对公司造成的影响却具有极大的破坏性（见图3.1）。

为了量化停滞对股东价值的影响，我们截取了停滞发生之前的3年到停滞发生之后的10年，把这个期间内企业市值从峰值到谷值的变化情况，与标准普尔500指数在此期间内的变化进行了对比。结果显示股东价值受到的影响非常严重：极少有公司的市值缩水率低于25%，而所有公司的市值缩水率中最快的要高达75%。在

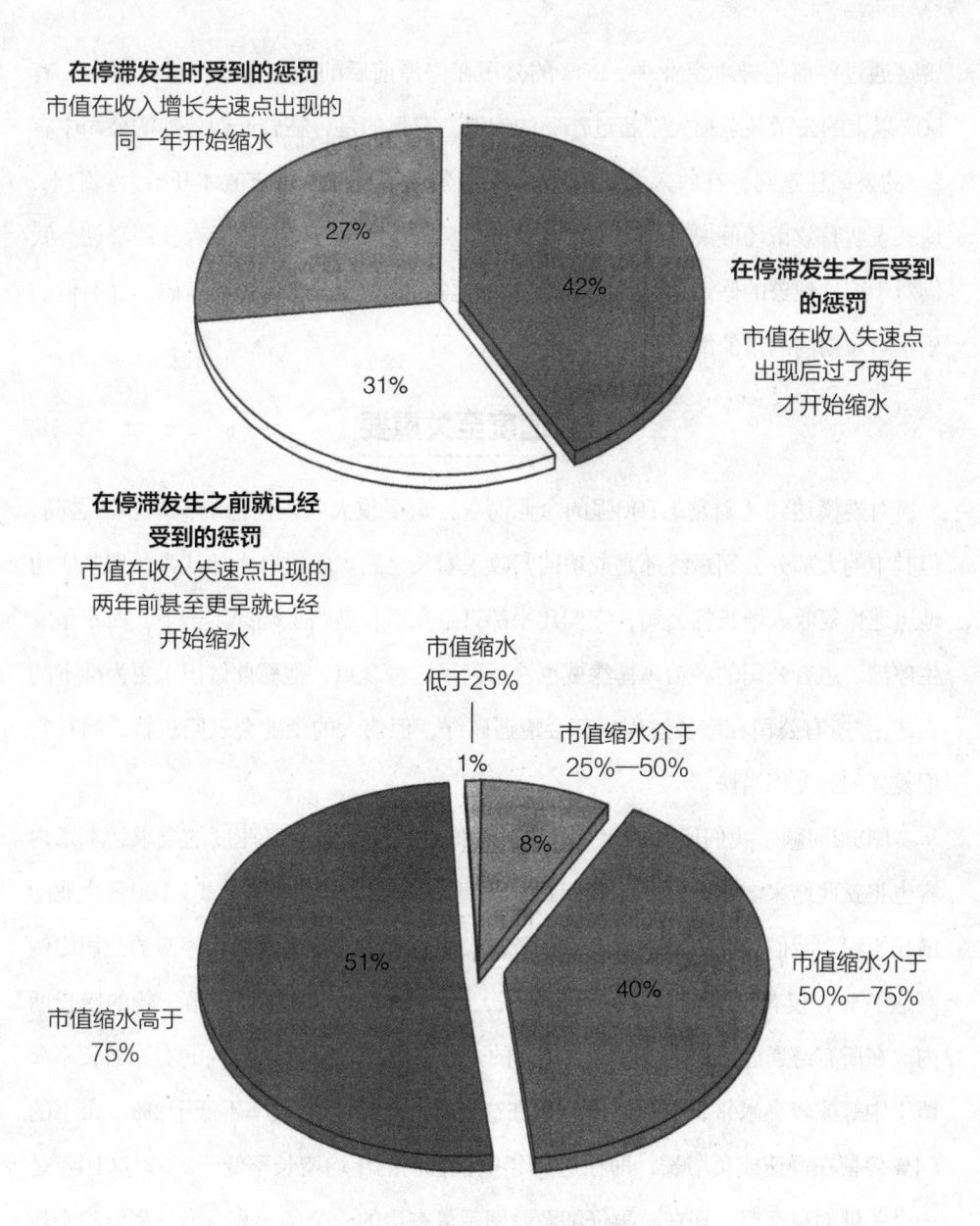

在停滞发生时受到的惩罚
市值在收入增长失速点出现的同一年开始缩水

在停滞发生之后受到的惩罚
市值在收入失速点出现后过了两年才开始缩水

在停滞发生之前就已经受到的惩罚
市值在收入失速点出现的两年前甚至更早就已经开始缩水

27%
42%
31%

市值缩水低于25% 1%
市值缩水介于25%—50% 8%
市值缩水高于75% 51%
市值缩水介于50%—75% 40%

图3.1 惩罚会迟到，但绝不会缺席：
停滞发生前后的几年内公司市值开始缩水的时间及缩水程度

曾遭遇过停滞的样本企业中，90%的公司在停滞前后的几年内市值损失过半，有50%以上的公司甚至损失了超过75%的市值。有趣的是，在曾遭遇停滞的公司中有2/3的公司注意到，在收入增长出现停滞的1年后甚至更久，市值才开始大幅缩水，这就表明有效市场假说（认为当前市价准确反映了所有可用信息）存在局限性。我们对于这种现象的假设是，企业持续向好的盈利表现让分析师感到宽慰，因而他们乐于对短期内的市值缩水视而不见。

复兴速度至关重要

对规模达到《财富》100强的企业而言，遭受重大收入停滞的概率非常之高，但其中的大部分公司最终还是成功回归收入增长之路。不过有人却认为，那些成功地迅速恢复收入增长的公司，它们几乎都只是在增长道路上磕绊了一下，而不是发生停滞。惠普公司的乔治·博德威也注意到了这种观点，他就此做出了更为准确的表述："所有公司在增长过程中都会遭遇磕绊，但伟大的企业会重回正轨，而且它们复兴的速度相当快。"

图3.2回顾了我们所做的定量分析并很好地说明了对复兴速度的要求，本章内容也将就此结束。这张图示是又回顾了一遍1955年以来所有《财富》100强企业的增长历程。我们在第二章中看到，在所有大型企业中，曾遭遇增长停滞的公司比例高达87%，仅有13%能够保持持续增长，而这些企业通常正处于第一轮的增长期内。在所有遭遇过停滞的公司中，46%的企业在停滞发生后10年内的实际增长率滞留于中等或较高水平，也就是说它们在这10年里的实际增长率不低于2%。余下的54%停留在慢速或负增长，即在这10年中，它们的年均增长率低于2%。这10年是一个关键的观察期。现在，再仔细看看图示最右边的一个条形。当增长率停滞于较低的水平时，企业将仅有7%（1/14）的机会能恢复到中等或较高的增长速度，也就是说年实际增长率达到2%以上。而这类公司中的绝大部分，都只停留在了这个条形的底部：26%的公司降到了较低的增长率或负增长率，多达67%的公司则被

图中数据：

- 持续增长：13%
- 曾遭遇停滞：87%
- 中速或高速增长：46%
- 低速增长或负增长：54%
- 中速或高速增长：7%
- 低速增长或负增长：26%
- 已消失（被收购、破产或被私有化）：67%

横轴标签：
- 《财富》100强企业中曾遭遇过停滞的公司占比
- 停滞发生后10年内企业的增长率情况
- 企业在停滞发生后至今的增长率情况

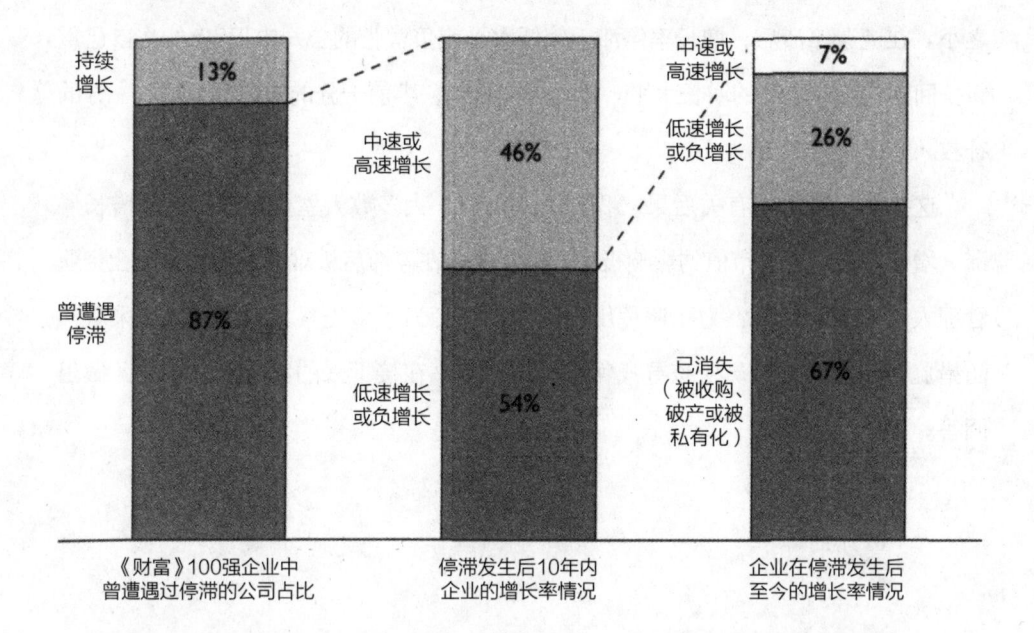

增长率的等级划分标准

高速	比国民生产总值的增长速度高出6%以上
中速	比国民生产总值的增长速度高出2%—6%
低速	比国民生产总值的增长速度高出-2%—2%
负增长	比国民生产总值的增长速度低2%—6%
严重负增长	比国民生产总值的增长速度低6%以上

图3.2 复兴速度至关重要：
《财富》100强企业在收入增长停滞之后重启增长的概率和时间

收购、破产或被私有化，从上市公司版图中彻底消失。

这就是收入增长停滞之后的惨烈事实，也是企业尽力规避却仍难以避免的命运。因而若有读者所管理的企业目前尚处于健康的增长轨道，那他们就值得花心思来高度关注如何避免停滞的出现，因为在停滞发生之后，重启增长的概率非常之小。在遭遇停滞后，增长率停滞于较低水平或负增长的公司中仅7%能将自己重新拉回到中等或较高的增长水平。因而毋庸置疑，事前一分的防范胜于事后十分的补救。

这些就是停滞的有关后果。我们由此得知，大多数大型企业都会遭遇增长停滞。增长停滞对企业市值的影响极为严重。企业在停滞后极难恢复增长。那么企业管理人员应该怎么做？为了避免出现停滞，或者为了事先察觉到停滞以便采取预防措施，企业管理人员应该寻找哪些迹象？本书在接下来的第二部分将对此做出回答。

STALL POINTS
MOST COMPANIES STOP GROWING
YOURS DOESN'T HAVE TO

第二部分

追根溯源，规避停滞

第四章
企业为什么不再增长

在本书第一部分，我们根据500余家《财富》100强企业在过去50年发展历程的综合数据，得出结论，记录并探讨了增长停滞在大型企业的发生率、流行程度、持续时间以及后果。

现在我们来查验一下，企业为什么会停止增长。过去50年，全球100强企业各自经历了真实的财富增长拐点。在这些相对精确的历史事件和具体失速点指引下，我们没有局限于纸上谈兵，而是对导致大型企业跌出增长曲线的原因进一步做了深入的实地调查。为了准确地综合反映各种"停滞因素"，我们从所有样本企业中挑选出了50家（见附录2），深入分析它们在巅峰期前后几年到底发生了什么。这些企业按比例分布于不同行业和领域，同时也按比例分布于历史跨度长达50年的分析期内，因而我们相信，它们可以代表所有大型企业。

选定了这些"熄火企业"后，我们的分析师团队集中分析了每个企业停滞发生前后的年份，汇总了分析师报告，查阅了财务档案、商业新闻报道、管理人员回忆录，并在多种情况下采用各种方式，对各家企业的主要高管分别进行了深入访谈（尽管访谈主题非常敏感，但无论停滞发生在什么时间，高管都渴望分享自己公司从该经历中领悟到的深刻见解,并传授给新一代管理人员,因而极为难得的是,他们确实都特别坦率),之后我们针对搜集到的各种资料,进行了激烈而持久的延展性讨论。

每家企业的情况都错综复杂,但我们仍希望能在庞杂的停滞诱因中归纳出一定的共同点。为此,分析师团队成员共同决定从每家样本企业过去50年潜在的市场问题、地缘政治环境、技术变革、管理活动,以及可能导致收入减缓的组织设计要素等复杂情况中,识别、归纳并选出最多3个决定性的具体停滞因素,进行自下而上的分析,然后将它们汇总到不同逻辑分组,让这些造成大型企业收入减缓的停滞因素形成一个个综合分类。由此就生成了一个根本原因树形图,我们称为根源"丛林"(见图4.1)。

对于企业领导人而言,理解和把握这个图至关重要,它是本书最为关键的一个图示。第一眼看到图中这个丛林时,我们难免会想,企业发生衰退的原因也太纷繁复杂了吧。同时也会一下子感到,对规模极为庞大的企业而言,保持持续增长的这个任务太难做了,基本上等同于必须得保证事事不能出错,这样才有可能避免增长出现停滞。但我们的研究结果实际上并没有这么糟糕,而是要乐观一些。从整个图示来看的话,我们会发现停滞的根源并非千变万化或错综复杂到无迹可寻,其中还是有模式可以依循的。实际上,导致停滞的主要因素是可知的,并且也能加以预防。

为了更好地理解这张图,我们从图示最下方开始,一步步来往上分析:我们辨别出了42个彼此独立的根本性原因,把它们归纳为了16个类别,进而汇总成了3个大类。具体做法是,对部分根源进行归纳,让它们形成一个类别,然后用一条单支线标识于图中对应的大类下方。比如,反垄断和政府补贴导致产能过剩两个根本原因,被归纳进政府监管行为类别,列于外部因素这个大类下的最左边。而有些根本原因直接在大类下就能表达出来,比如经济不景气这个根本原因,就直接被列示于外部因素这个大类下,紧靠在政府监管行为这个类别右边。在类别这一层,我们用

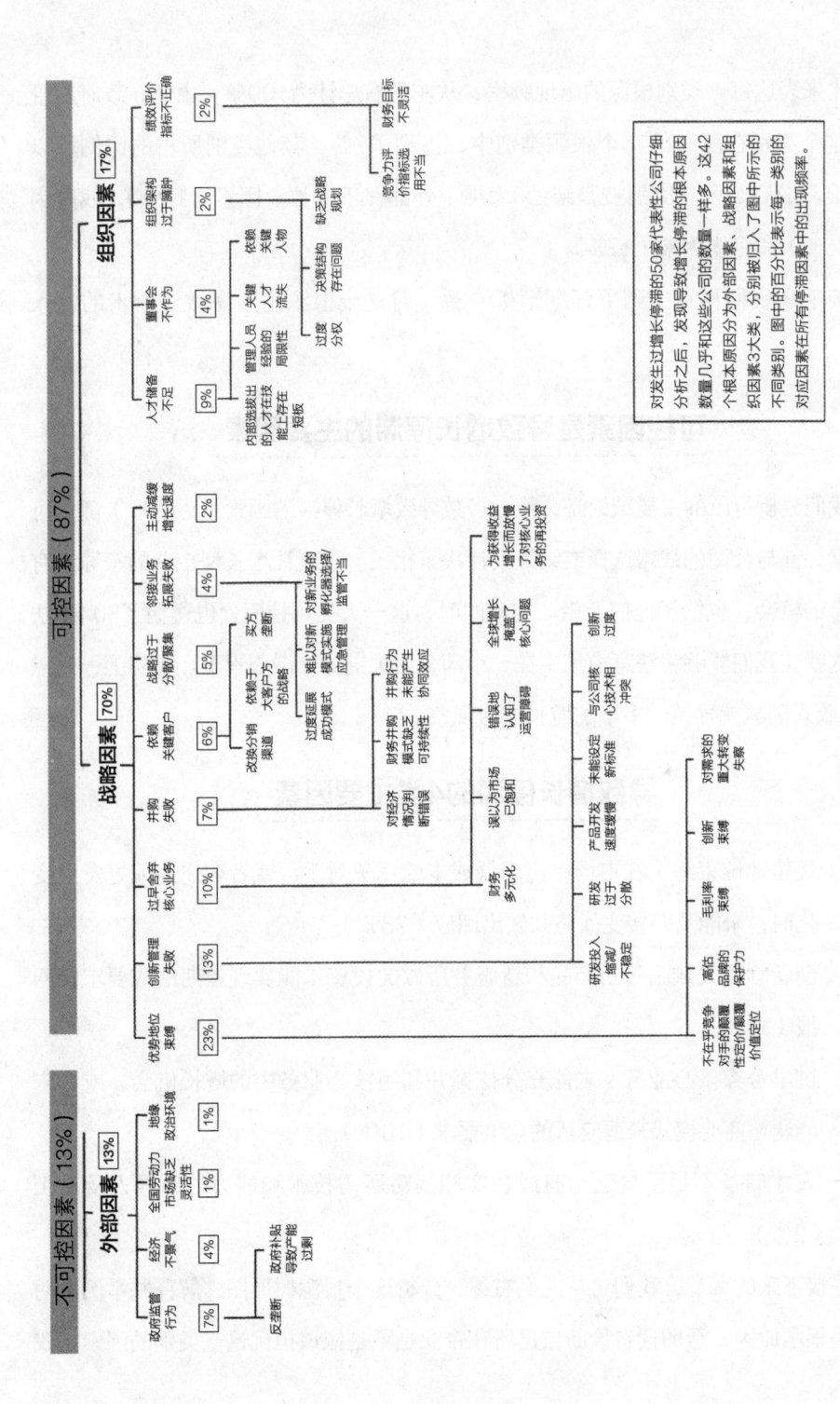

图4.1 收入增长停滞根源的树形图

百分比来表达每一类别根源的出现频率，从左到右总计为100%。由此，政府监管行为这个类别在所有的16个根源类别中，占到了7%，其他类别所占的比例均以此类推。最后，所有类别被归结为3大类：外部（不可控）因素（13%），战略因素（70%）和组织因素（17%）。

接下来我们再从上到下仔细剖析一番，对这个根源树形图做进一步的深入了解。

可控因素是导致增长停滞的主要因素

我们分析得出的主要结论是，绝大多数导致增长停滞的因素（约87%）都是可控因素，都与公司的战略选择或组织设计决策相关。这就让增长型企业的领导人有了喘息的机会，也给了他们希望。与此同时，这一大类可控因素也遵循了80/20法则，这就让我们能够将注意力集中在一小部分最关键的停滞因素上。事实上，仅以下4类收入因素就导致一多半的增长停滞现象：

导致增长停滞的4类主要因素

- 优势地位束缚：在市场中出现低成本的竞争对手，或者客户的偏好发生变化时，未能及时转变战略并做出回应（23%）。

- 创新管理失败：对新产品和新服务所做的投资未能实现预期的或要求的回报（13%）。

- 过早舍弃核心业务：未能充分挖掘并利用核心业务中的增长机会，或者未能调整商业模式来适应新的竞争要求（10%）。

- 人才储备不足：缺乏拥有成功实施战略所需技术和能力的领导人及员工（9%）。

在接下来的章节中，我们将从左至右逐一分析这个根源树形图，解释并举例说明每一类根本原因，帮助读者诊断自己所在企业是不是应该担忧这一类别的因素。我们将对上面列出的4类因素加以特别关注，分别用第六章、第七章、第八章和第十章来逐一进行探讨。

在对树形图上的各个根源进行逐一分析之前，我们想着重强调本次分析所得出的以下核心经验教训，以及当今管理团队所面临的各种巨大机遇，以帮助他们避免重蹈覆辙。

脱离现实的战略假设共识
会导致高管对增长停滞做出错误反应

增长型企业想方设法地紧随一流企业的前进道路，却又不想重蹈它们的停滞覆辙，因此，对当今众多一流企业的过往停滞原因加以分析，可以让增长型公司的管理团队受益匪浅。我们可以从图4.1获知以下核心要点：大部分大型企业在增长中都曾出现过停滞，大多数增长停滞都是由可控因素导致，而绝大多数可控因素都与管理团队的战略选择或战略决策相关。在这个根源树形图中，战略因素这一个大类下所包含的停滞因素可谓形形色色，但它们都具有共同点，也就是说，它们要么是高管在管理导向中出现的错误，要么是管理团队不作为的表现。它们并不是市场的限度强加在巨型公司管理团队身上的外部不可控因素，而是每个企业在收入增长出现停滞的前后几年中，曾经公开探讨的问题，管理团队完全有能力通过制定更加有效的战略规划来应对。但是，停滞企业却固执己见地反复采用无效的应对模式，这就表明，这些企业在管理中存在深层次的问题。

如果绝大多数的停滞因素都在管理团队的可控范围之内，并且这其中大部分又都是反复出现的战略性错误，那为什么管理团队不摆脱这些显而易见的重复性错误行为，转而采取其他应对方式呢？在极为成功的企业，领导者往往都才华横溢，为他们提供建议的也都是全球最老练的战略咨询公司，但为什么在收入的增长轨迹开始出现下坡迹象时，这些企业的管理团队没能正确、充分地调整自己的战略呢？

为了探寻原因，我们针对所选的停滞案例企业，就其内部所做过的探讨、设想过的行动，以及其高管的坦率陈述进行了长达数百小时的深入分析。这之后我们确信，以上问题具有共享"心智模式"的相关表现及其背后支持性假设的特征，因而组织心理学家就此所发表的各种深刻见解能为以上问题揭开谜底。

普林斯顿大学认知科学教授菲利普·约翰逊·莱尔德（Philip Johnson-Laird）在其著作《心智模式》（Mental Models，1983）中确立了心理学中的心智模式这个概念。之后，这个概念被应用到管理科学中。比较有名的是麻省理工学院教授彼得·圣吉（Peter Senge）和丹尼尔·金（Daniel Kim），他们强调，管理团队在面对大量涌入的信息和错综复杂的因果关系时，共享心智模式特别有用，能帮助他们更高效地做出决策（见图4.2）。这些模式会让管理层下意识地为自己的直觉判断设置框架，并为自己的缜密分析设定标准。对信息进行过滤、识别各种模式、做出价值判断、建立因果关系链等所有这些思维过程，都依赖于我们所形成的心智模式，而我们也是通过这些模式来诠释这个世界。

这些共享心智模式在成功企业中形成后尤为顽固，原因是这类企业的管理团队

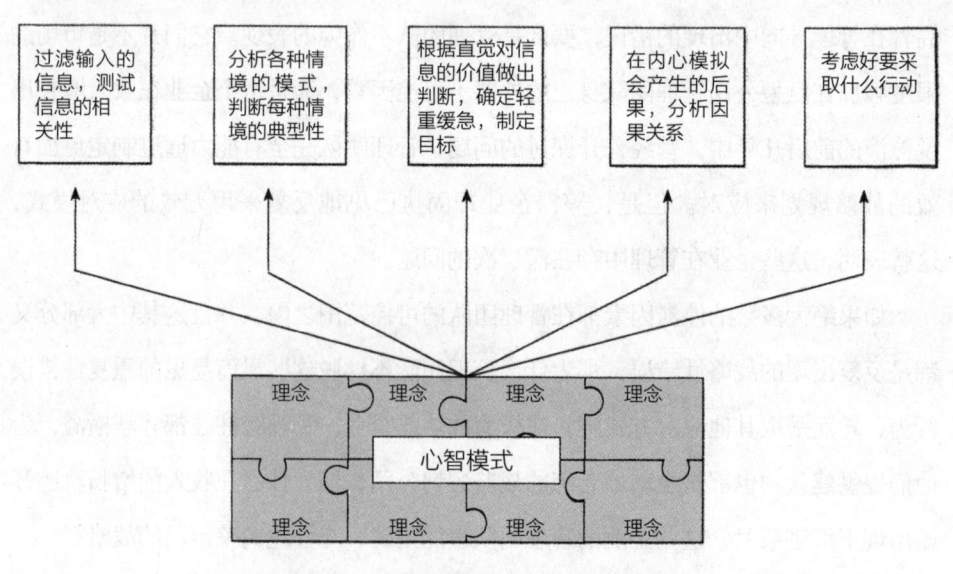

图4.2 心智模式影响下的思维过程

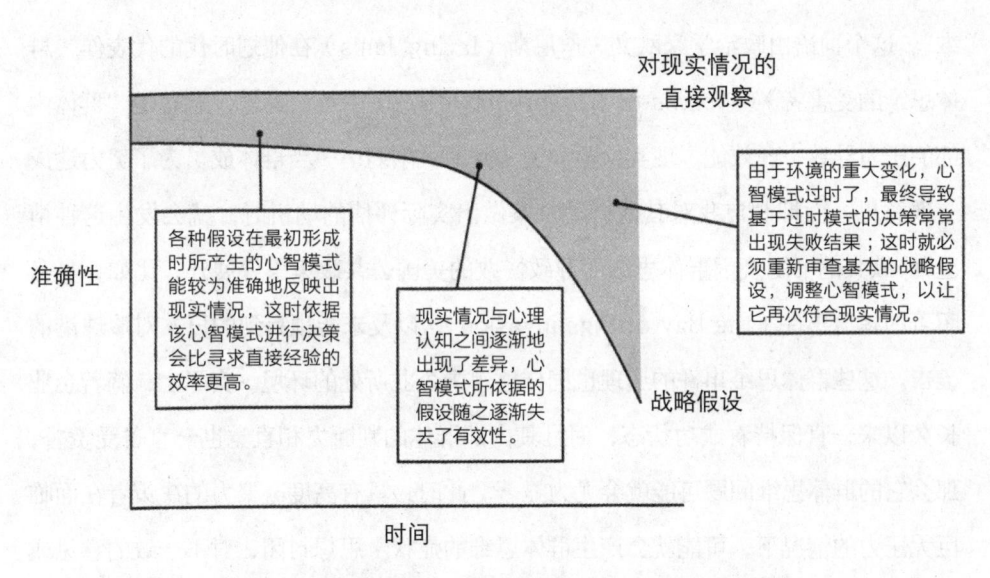

图4.3　战略假设的准确性随着时间推移而逐渐减弱

图中文字说明：
- 纵轴：准确性
- 横轴：时间
- 对现实情况的直接观察
- 各种假设在最初形成时所产生的心智模式能较为准确地反映出现实情况，这时依据该心智模式进行决策会比寻求直接经验的效率更高。
- 现实情况与心理认知之间逐渐地出现了差异，心智模式所依据的假设随之逐渐失去了有效性。
- 由于环境的重大变化，心智模式过时了，最终导致基于过时模式的决策常常出现失败结果；这时就必须重新审查基本的战略假设，调整心智模式，以让它再次符合现实情况。
- 战略假设

通常会在其整个任期内，都对这些心智模式的有效性做出积极反馈。但是，当心智模式所依据的各种战略假设开始逐渐失效时，问题也就随之出现（见图4.3）。管理团队的心智模式由一系列关于市场、竞争对手和技术的假设构成，这些假设有助于他们在模棱两可的情况下快速做出决策。当公司的这些基本战略假设开始逐渐失效时，管理团队的共享心智模式可能先是慢慢地偏离实际，然后骤然脱离现实。

管理团队心智模式的效力一旦开始减弱，它就会走向隔离状态，开始抗拒外部市场的新情况和战略现实情况。高管曾经行之有效的共同设想，会变成一个屏障，让他们看不清最佳的前进路线。正如伦敦商学院的康斯提诺斯·马凯迪斯（Constantinos Markides）所观察发现，"心智模式能帮助我们处理信息，并且快速做出决策，这不错。但如果它们过于强大，可能就会致使我们怠于积极思考，也懒于采用新的想法，因为这时候的它们会像过滤器一样，屏蔽过滤掉要进来的信息……因此，我们非常有必要定期质疑自己的心智模式"。

在另外一个学科领域中，这种坚持过时或错误心智模式的倾向被称为"群体思维"。这个词语由政治学家欧文·詹尼斯（Irving Janis）在他划时代的代表作《群体思维的受害者》（*Victims of Groupthink*，1972）中首次提出，意思是"群体内部的压力导致心理效能、现实检验和道德判断被削弱……当群体成员为了努力达成一致意见，而抑制自我对其他行动方案做出实际评估的动机时，就会发生这种情况"。欧文的书围绕因群体思维而导致惨败的美国公共政策事件展开，比如，臭名昭著的猪湾事件（the Bay of Pigs invasion），以及未能预料到的日本对珍珠港的袭击。这些群体思维事件的道理也同样适用于企业所处的环境。实际上，倘若企业长久以来一直保持着成功状态，而且其内部群体的判断力和直觉也一直备受赞誉，那么它的群体思维问题可能就会尤为显著。此时，具有高度凝聚力的决策者在面临巨大压力的情况下，可能就会产生群体思维的症状：思想封闭，对不一致的意见或行为施加压力，过高估计自身能力，对其他可选方案和不和谐的信息不做充分考虑。要避免这些症候，管理团队就必须平衡各方行为，在保持团队凝聚力的同时，不断重新审查这种凝聚力的形成基础，即大家已达成共识的那些战略假设。

增长停滞背后的错误假设

在研究每家公司出现的增长停滞时，我们发现，管理团队针对企业战略定位所达成的假设共识都存在极为危险的错误（见表4.1）。当这些公司处于增长期时，它们对竞争对手、客户和优势来源所做的假设都是值得信赖的，并且也能发挥效用，但不知为何，在停滞出现之前的那几年里，这些假设已经不再牢靠，不能再作为战略制定的有效依据，但是，它们却没有被质疑。这样的案例比比皆是：奥驰亚集团（Altria）和苹果公司的管理层在面对市场份额萎缩时，依然坚信应该保持自己高利润率的市场定位；玩具反斗城公司和美国汽车王国公司（Auto Nation）管理层则认为，相较于价格优势而言，各自行业中的客户更看重产品和服务的多样性以及便捷性；而在面对新的竞争对手和分销渠道时，美国第一银行和李维斯公司（Levi's）则过度依赖于自身品牌的保护力。

表4.1 样本企业增长拐点背后的那些错误假设

公司名称	拐点出现的年份	拐点背后的错误假设
美国3M公司	1973	公司为产品和服务所做的溢价创新将始终受到核心市场的重视和欢迎
美国奥驰亚集团	1994	为了实现更高利润率而割让市场份额是合理的选择
美国运通公司	1988	信用卡代替不了公司的高级记账卡
美国苹果电脑公司	1988	为了实现更高利润率而割让市场份额是合理的选择
美国汽车王国公司	1999	产品和服务的便捷性和多样性可以让我们保持一个"足够高"的价格定位
美洲银行	1981	银行零售业务的盈利能力将在很长一段时间内继续下滑
美国第一银行	1998	在行业日益激烈的竞争中,品牌力量比成本效益更为重要
美国百路驰公司	1979	国外的轮胎公司无法满足美国市场对性价比的要求
美国卡特彼勒公司	1975	尽管竞争对手也在进步,但本公司的零部件和服务网络可以保护本公司的价格溢价
美国花旗集团	1998	业务部门自治不会影响集团对风险管理的有效性
美国康尼格拉食品公司	1989	在为了提高利润率而暂时放缓增长之后,可以再度恢复增长
德国戴姆勒-奔驰汽车公司	1988	客户愿意为"完美的机械工艺"而支付溢价
美国德纳公司	1979	紧密配合关键客户的生产比拥有独立的市场战略更为重要
美国数字设备公司	1989	个人电脑永远不会满足小型电脑用户对性能的需求
美国迪士尼公司	1972	现有产品组合可以带来收入增长,公司由此就能大幅削减核心的动画制作人才
日本柯达公司	1973	低端竞争对手永远无法满足主流客户的需求
美国通用电话电子公司	1966	大型并购是实现公司未来发展的最佳方式
日本日立公司	1994	低端竞争对手永远无法满足主流客户的需求
美国亨氏公司	1974	永远可以通过削减成本来维持收入增长

(续表)

公司名称	拐点出现的年份	拐点背后的错误假设
美国IBM公司	1968	小型计算机永远无法满足大型机客户的需求
美国凯马特公司	1967	折扣零售市场已经饱和
美国李维-斯特劳斯公司	1977	品牌的力量可以让公司战胜新的竞争对手和经销商
日本松下电子公司	1992	市场对产品质量的需求超过了对及时性的要求
荷兰皇家飞利浦电子公司	1978	各国分公司经理应该继续控制产品部门
美国无线电公司	1967	消费电子产品能获得重大突破的时代已经过去
美国锐步公司	1988	运动鞋的销售将始终依靠时尚性而非性能
美国乐柏美公司	1990	产品品类的激增不会给客户造成困扰，也不会导致成本增加
美国西尔斯公司	1969	产品本身以外的竞争优势会保护公司的定价溢价
美国天纳克集团	1981	多元化的产品和服务组合永远可以让公司业务避免同时遭遇普遍性的不景气或现金短缺
日本东芝集团	1994	在差异极大的分公司之间也可以调配资源
美国玩具反斗城公司	1992	产品的多样性可以让公司维持高价位
美国优利系统公司	1987	市场对产品质量的需求超过了对及时性的要求
美国联合技术公司	1981	企业的核心能力完全可以应对多元业务的战略复杂性
瑞典沃尔沃公司	1995	豪华型汽车的成本结构始终会比较高
美国施乐公司	1972	可以选择割让低端市场，我们的销售实力将对我们的定价溢价形成保护

导致增长停滞的根本原因看起来纷繁复杂，让人眼花缭乱。但是，它们大部分都可以被归纳为几个实用的稳定类别，同样地，导致增长停滞的潜在战略假设也可以如此进行归类。在接下来几章，我们将对导致收入增长出现停滞的每个因素一一进行定义和举例说明，对它们主要的不同表现形式加以介绍。此外，我们也将提供一系列自我测试题，帮助读者诊断并衡量目前这些因素在自己企业中的严重程度。

第五章
外部不可控因素

在思考企业规模和增长问题时，人们可能会凭直觉认为，市场饱和、政府监管行为、经济周期制约、地缘政治环境等外部"不可控"因素，是导致巨型企业增长减缓的主要根源。然而有趣的是，在影响企业持续增长的主要限制性因素中，只有非常少的一部分属于这类外部不可控因素（即便这样，我们公司的会员企业高管也不断地提醒我们，还是有希望在人为层面阻止停滞发生：这些外部事件的发生也许是不可控的，但企业对它们的反应却并非不可控。所以，对于乐观的人来说，增长停滞100%都是可控的）。

尽管很多人从自身角度担心地认为，当今的大型企业在其核心市场内越来越缺乏充足的扩张空间，但实际上，上文所提到的第一个问题即市场饱和，从来不是导致停滞的一个主要因素。从宏观经济角度来看，确实有研究显示，行业的集中程度自20世纪60年代以来一直在下降。即便是在寡头垄断最严重的市场中，最大寡头企业目前所占的市场份额也很少能超过10%—15%，所以如果展开竞争的话，企业的市场份额通常还是存在扩张的可能性的。

不过，在针对停滞根源所做的案例研究中，我们确实发现一些对公司而言非常重要的外部性根源，它们超出了管理层的控制范围。从整体来看，这些外源性约束因素仅占所有停滞因素的13%，但却值得我们进行深入研究，因为当它们出现时，其影响速度和影响幅度着实令人印象深刻。在停滞因素树形图的左侧（见图4.1），我们将这一系列外部不可控因素分解成了4种主要的类别：政府监管行为，经济不景气，全国劳动力市场缺乏灵活性，以及地缘政治环境。

政府监管行为

在我们所研究的样本案例中，一些重大的增长停滞都与政府的监管和干预行为相关（见表5.1）。

表5.1中列出的实例对商业史学家来说十分熟悉。杜邦公司（DuPont）和道琼斯公司（Dow）分别于1951年和1953年遭遇增长停滞，从而被迫放弃了自己在战争年代建立起来的寡头垄断地位。1957年，杜邦公司又经历了另一项挑战，当时，

表5.1 政府反垄断行为引起的增长停滞实例

公司名称	失速点出现的年份	政府的干预行为	对公司战略的影响
美国杜邦公司	1951	• 出台了一系列的反垄断决议（1945—1954年），迫使杜邦公司解散国际化工寡头联盟 • 美国最高法院下达裁决令，要求杜邦公司与通用汽车公司断绝关系（1957年）	• 解除了与国外化工公司之间的专利共享约定，并出售手中所持有的通用汽车公司23%的股份，这两项举措导致该公司失去了收入增长和收益增长的两个关键推动力
美国陶氏公司	1953	• 为了支持战争，政府要求陶氏公司公开其独有的镁和合成橡胶生产工艺；迫使陶氏公司将研发重点从基础科学转向军事工程	• 该公司在镁和合成橡胶这两个核心产品领域不再具有核心竞争优势 • 该公司高管表示，研发被迫终止，这让公司落后了10年

（续表）

公司名称	失速点出现的年份	政府的干预行为	对公司战略的影响
美国无线电公司	1967	• 1958年，政府针对美国无线电公司的各种专利共享约定和专利许可协议展开了反垄断调查	• 为了避免瑞士的真力时公司（Zenith）提起反垄断民事诉讼，该公司接受了一项用于废除其专利共享约定的同意令；这一做法有效地限制了该公司在彩电销售上的盈利潜力
美国IBM公司	1968	• 在1970年的反垄断诉讼中，指控IBM公司存在掠夺性定价和垄断行为	• 这项诉讼强制该公司剥离了自有的服务部门，连带着一并放弃了价值1亿美元的服务合同 • 由于担心政府的反应，该公司未能进入变得越来越重要的小型电脑市场
美国施乐公司	1972	• 美国联邦贸易委员会（FTC）指控:该公司存在垄断行为，并且对行业内的其他企业实施了非法侵略行为	• 该公司被迫向包括IBM公司和柯达公司在内的竞争对手授权其静电复印专利技术
美国国际电话电报公司（ITT）	1976	• 1971年，政府针对美国国际电话电报公司收购哈特福德保险公司一事，提起反垄断诉讼；在巨大的争议中，美国联邦贸易委员会与美国国际电话电报公司就该案件达成了和解	• 该公司最终被允许收购哈特福德保险公司，但其未来收购对象的资产被限制在1亿美元以下

法院根据《克莱顿反垄断法》(Clayton Act) 做出了对杜邦不利的裁决，致使杜邦被迫交出了所持有的通用汽车公司（General Motors）6300万股份。而杜邦对通用汽车的持股关系已超过40年，早在1914年，皮埃尔·杜邦（Pierre S. du Pont）就投资了通用汽车这家初出茅庐的汽车公司，后来又出任该公司的总裁。

到了20世纪70年代，政府指责施乐公司（Xerox）和IBM公司存在掠夺性行为，启动了咄咄逼人的反垄断调查，导致这两家公司分别遭遇增长停滞。施乐公司被迫采取补救措施，许可竞争对手（其中包括IBM和柯达）使用其静电复印专利技术。而IBM公司面对掠夺性定价和垄断行为的指控，被迫剥离了自带的服务部门，随之也失去了价值1亿美元的服务合同。此外，由于担心政府的反应，IBM管理层决定推迟进入越来越重要的小型计算机市场，这导致该公司长达数10年的稳定增长轨迹罕见地中断了5年。

在对案例公司进行研究分析时，我们注意到，大部分政府监管行为都发生在我们研究期的最初几年，当时正好（至少在美国）是个更为激进的反垄断时代。所以从这一历史角度来看，最近发生的部分案例都是一些例外情况，而非常规现象，比如在1999—2004年期间，微软公司与美国反垄断当局进行了长达5年的斗争，随后，又被欧盟委员会（European Commission）纠缠了4年。

对龙头企业的高管而言，目前所要担忧的问题可能并非来自法庭的反垄断审判，而是由于公众不断问询公司所谓的"增长许可"，对公司所进行的舆论审判。在行业内排名靠前的公司，比如沃尔玛公司、通用电气公司、英国石油公司（BP）等，它们的高管越来越注意当地社区及整个社会对自身动机和所致影响的看法，在推进自己公司的增长计划时，越发努力地争取这些关键外部"选民"的默许。我们注意到，各大公司在声誉及声誉风险的管理方面，已经取得了显著进展。互联网让公司的行为变得越来越透明，因而我们相信，这也会让越来越多的公司将公众舆论问题提上自己的战略日程。

经济不景气

另一个超出管理团队直接控制范围的停滞因素，是大面积且严重的经济不景气。在过去的15年，全球经济保持着持续的增长态势，仅偶尔出现轻微的技术性衰退，但影响甚微。由此不难理解为什么在现代商业史中，极少有公司因为经济的周期性不景气而遭受长久、严重的收入增长停滞。但是话说回来，如果大型企业所处的行业本身就对经济状况极为敏感的话，经济不景气将会对企业造成持久的影响，导致其收入增长轨迹出现向下的拐点，并持续很长时间。

经济不景气之类的外部事件具有时限性，但却影响广泛，它们会加剧其他不那么要紧的挑战事件，从而导致更长时间的收入增长停滞。在这一点上，卡特彼勒公司在20世纪80年代初所遭遇的收入增长停滞，对我们颇具启示意义。在第二次世界大战结束后的35年里，欧洲和美国都在实施巨额的基础设施投资，此时卡特彼勒公司的推土设备在全球市场中所占份额超过了50%，股本回报率高达18%，甚至更高。但到了20世纪70年代末和80年代初，发达国家和发展中国家同时削减了在经济基础设施上的投资（主要诱因是全球范围内的石油产量骤减，发展中国家的债务负担加重），这不仅导致全球市场对卡特彼勒产品的需求大幅下降，而且为新兴的日本竞争对手小松集团（Komatsu）开启了全球性机会，让它得以利用质高价廉的重型设备，抢占全球市场份额。

如果没有需求暴跌这种外部压力，卡特彼勒公司的管理层可能就会克服困难安排新的高效率生产流程，与美国汽车工人联合会（the United Auto Workers）签署新的劳务协议，并抢在小松集团之前更新其成本竞争力，从而降低对其收入增长轨迹的负面影响。但当时的现实情况却是，市场需求萎靡不振，这就迫使公司不得不同时在多项任务之间进行权衡，既要努力维持收益增长，又要改革生产流程、应对工人罢工、翻新产品线，同时还要对营销机构进行重组。正如一位观察家所言，"公司要同时应对多疑顽固的工会和聪明强劲的竞争对手，进退维谷，找不到捷径，也没有明确的路线可以让它一一理顺这些棘手问题"。

在度过了20世纪80年代那极为艰难的10年之后，卡特彼勒公司重新恢复了增长，而且在过去5年内的业绩表现尤为强劲。在过去20年内，该公司在生产流程上的创新一直备受赞誉，也被人们争相研究学习，但短暂的外部经济因素却在不合时宜的时刻，与其他难题凑到一起同时出现，对公司的增长轨迹造成了长期的不利影响。

全国劳动力市场缺乏灵活性

还有一个外部因素也在历史上出现过（也曾让美国现代的三大汽车制造商陷入困境），这个因素就是全国劳动力市场缺乏灵活性，指的是企业无法根据新的市场情况来调整自身的员工规模或工作安排。同样地，这个因素很少作为决定性因素，导致企业的长期收入增长轨迹出现停滞，但如果大型劳动密集型企业所在的行业内存在工会（而且有国家政府做后盾），那么这个因素有时候就会具有不同寻常的重要性。沃尔沃公司在20世纪80年代后期的经历就是一个很好的例证。

第二次世界大战后，沃尔沃简直就是瑞典经济的领头羊。在首席执行官根纳·恩格列奥（Gunnar Engellau）的带领下，公司被打造为一家成功的汽车和卡车制造商，面向小众市场，除了车型之外，在各种出口市场中都特别强调其产品的可靠性和安全性。这种定位在一定程度上是由于从20世纪60年代后期开始，贯穿整个70年代，公司在劳动力管理上受到了越来越多的政府限制，导致人工成本缓慢攀升，其劣势逐渐显现，到1980年，公司的小时工资比美国同行高出25%，比亚洲新兴工业国家的竞争对手高出大约8倍。但是，问题不单单在于每小时的人工成本，公司的平均带薪缺勤率高达20%，而闲置的生产线员工仍然能拿到85%的工资。

为了消除这些不利的成本状况，沃尔沃公司的管理团队竭尽全力，激烈挣扎，但收效甚微。1971年，皮哈尔·吉林哈默（Pehr Gyllenhammar）从斯堪地亚集团（Skandia）跳槽加入沃尔沃公司，担任公司的首席执行官并开始寻求多元化生产。1973年，沃尔沃宣布，公司将成为首家在美国建厂的非美国汽车制造商（这个工厂建了起来，但由于当时经济不景气，并没有投入生产）。公司的管理层没办法掌控产能，也无法控制人工成本，于是转而采取了另外一些行动。首先，将汽车型号的生命周期延长到了15年左右（而小汽车行业的车型寿命普遍为4—6年），接着，

第五章　外部不可控因素

在美国等主要出口市场中,将中档车型的价格提高到了比奢侈车型价格高出20%,甚至更多。这些行动严重地限制了公司的竞争力。

在沃尔沃公司采取这些行动的同时,日本的汽车制造商精确瞄准沃尔沃在美国的重要细分出口市场,创设了英菲尼迪(Infiniti)和讴歌(Acura)等新的奢侈汽车品牌。早在20世纪70年代末和80年代初,沃尔沃的首席执行官吉林哈默就已经启动多元化计划,但直到20世纪90年代中后期,得益于非汽车业务剥离带来的现金流,以及人工成本的竞争力上升,沃尔沃公司才得以在其核心汽车业务上重新建立起优势地位。

地缘政治环境

地缘政治环境这个停滞因素对现代人而言尤为陌生,它位于外部因素这个大类的最右边,指的是外部的地缘性政治事件,比如,战争爆发、新定价联盟的影响,或其他来自国际社会的"明枪暗箭"。由于人们普遍认为,国际社会只会对贸易活动和直接投资活动稍作限制,所以现在的读者都不大关注这种外部冲击。但这类偶尔出现的政府干预却具有强大的冲击力,会对大型企业造成严重打击,让其增长计划脱离预计轨道,而且会持续多年。

美铝公司(Alcoa)在20世纪90年代初期的经历充分说明了这一点。第二次世界大战后,美铝公司的收入和利润就像过山车一样有规律地起伏,有一定程度的繁荣,也有轻微的萧条,原因是在需求端,汽车、家用电器和饮料瓶等业务的需求强劲,而在供给端,随着需求激增,产能开始阶跃式增长,而之后,随着生产能力过剩,又导致价格出现疲软。虽然存在这样的起起落落,但美铝公司在20世纪60—80年代的这段时间内,一直保持着稳定的增长势头,增长率接近两位数。

但是在20世纪90年代初,苏联解体,这导致无法预料的后果,因而也打破了美铝公司的这种增长模式。1987年,董事会任命刚进入公司的保罗·奥尼尔(Paul O'Neill)接替查尔斯·帕里(Charles Parry)担任董事长兼首席执行官,公司随之结束在陶瓷、塑料、复合材料等与铝制品毫不相关的一系列工程材料领域的多元化业务尝试。1988—1990年进入了需求的高峰期，与以往一样，这使得美铝公司的收入和利润激增。但就在这段时间内，苏联政府出现变数。当时，苏联外汇极度吃紧，于是它开始向繁荣的国际商品市场倾销自己国内产出的铝。3年内，苏联的铝出口量飙升了5倍多，导致全球铝制品价格下跌了30%以上，达到有史以来最低的（剔除通胀因素后）价格水平。在此期间，美铝公司价格溢价被削减，收入下降到原来的95%，利润则猛跌近80%。

当然，与其崩溃一样出乎人们意料的是，当全球主要生产商与俄罗斯通力合作，共同签署了一份类似于欧佩克的生产商协议，以便更紧密地将生产与需求增长相匹配之后，美铝公司摆脱了停滞。这个案例告诉我们：虽然这种情况比较罕见，但政府对寡头市场的干预会让那些经验丰富的行业竞争对手陷入混乱，即便它们惯于应对经济周期的潮起潮落。

总而言之，这些不同类型的外部停滞因素会对巨型企业造成威胁，但相对来讲，外部力量极少会导致收入增长出现长期持续的停滞。也就是说，这些外部事件并非推动问题的最严重潜在因素，但是如果它们出现时刚好存在深层次的竞争力问题，它们就可能会引发停滞。

外部（不可控）因素小结

外部因素超出了管理团队的直接控制范围，但我们对整个研究期内案例公司的分析显示，它们在大型公司收入停滞因素中的占比非常小，仅为13%。这些"不可控"因素有4种表现形式：政府监管行为，经济不景气，全国劳动力市场缺乏灵活性，地缘政治环境。在我们所研究的案例中，这些外部力量通常会成为收入增长出现长期停滞的引爆点，加剧现有的竞争问题。

在龙头企业战略日程上越来越重要的一个问题是，对公司所面临的声誉风险，尤其是对持续的"增长许可"，即当地社区及整个社会对公司增长计划的默许，进行监测和管理。

高管层自测题

1. 当利益相关者认为我们的运营、政策、产品及市场未能达到他们的预期和要求时，我们有没有积极地查找并弥补这些差距？

2. 我们是否在定期跟踪了解（每12—18个月）关键利益相关者对我们公司增长问题所持有的看法和观点？

3. 在我们公司的运营发展计划中，有没有充分纳入中长期的舆论战略目标？

4. 我们是否探索过其他可选的商业模式，或者分析过如何对既有商业模式进行调整改变，以减少公众对我们公司扩张计划的抵制？

5. 在增长型市场中，我们有没有针对概率低但影响大的事件，比如政府的介入，来做规划方案？

测试结果解析

在上面的问题中，如果有两个或以上问题都回答了"否"，那么，管理团队就应该全面彻底地审查公司的风险管理情况，并进一步深入理解公司声誉、中长期增长计划以及可选方案之间的关联关系。

第六章
优势地位束缚

在导致收入增长出现严重停滞的因素中，优势地位束缚是最突出也最常见的一类，它指的是在面对新的低成本竞争对手带来的挑战时，或者当消费者对产品特性的价值判断发生巨大转变时，公司无法做出正确有效的应对。在我们的案例样本中，近1/4的停滞因素都属于这种特有的基本战略问题。对于商科学生而言，这类问题也已经变得越来越习以为常，因为我们经常看到在各行各业中，现有的巨型公司突然会因为所谓的颠覆性竞争对手而深陷困境，这些颠覆性竞争对手通常拥有超低成本的商业模式，从而能维持较低的价格水平。

在我们这50年的研究期内，优势地位束缚一直都是导致大型企业收入增长出现严重停滞的最常见因素。从20世纪60年代兴起新零售模式，到70—80年代的低成本制造，再到90年代出现技术性的行业颠覆者，一直到现在，一轮又一轮明显的商业模式创新浪潮都会定期地让优势地位束缚这个因素显现。

在净收益和净值之间进退两难

在我们对企业的历史业绩进行分析研究后发现,优势地位束缚作为一种战略性因素,正在急剧加速导致增长停滞:20世纪90年代,因优势地位束缚而遭遇增长停滞的公司数量翻了一番。导致这种现象的原因除了低成本商业模式的兴起外,另一个原因就是麦肯锡公司所说的"正在消失的中端市场",即在很多行业中,低端和(非常)高端的市场层正在挤压中档产品和服务的数量(和价值)。麦肯锡公司研究发现,仅在1999—2004年这5年,中档产品的收入增长率与所在行业的年均增长率相比,低了将近6%,而低端和高端产品的增长率则比行业平均增长率高出了4%—9%。

目前有些企业已经达到了《财富》100强的规模,形成了规模经济,产品的更新换代针对的是市场中最"大众"的那一部分(麦肯锡公司所称"正在消失的中端市场"),但是它们却发现,由于成本受限,自己无法利用低端市场获得增长,与此同时,也无法在高端的小众市场获得足够的销量来维持以往的增长率。于是它们只好在维持大众市场销量的同时,不断地改良产品来获取溢价,然而,这种做法终归难以为继。

在我们所研究的样本公司中,管理层对这些挑战的有些回应方式导致收入增长出现了延续多年的停滞,这些回应方式有5种表现形式,在公司的增长历程中反复出现,它们分别是:不在乎竞争对手的颠覆性定价/颠覆价值定位;高估品牌的保护力;毛利率束缚;创新束缚;对需求的重大转变失察。

不在乎竞争对手的颠覆性定价/颠覆价值定位

第一种行为指的是,当某个新的颠覆性竞争对手以(至少被大众认为)低价且低质的产品打入市场时,管理层"无动于衷"(见表6.1)。我们在表中列举回顾了管理层无动于衷的一些典型案例。20世纪70年代初期,柯达公司(Eastman

表6.1 优势地位束缚所导致的典型停滞案例

公司名称	原有定位	新的竞争对手	案例概要
日本柯达公司	为业余爱好者打造优质、新颖的摄影产品；为市场提供标准化的胶卷、打印纸、化学制剂、相机	胶卷：富士公司，宝丽来公司，杜邦公司 相机：佳能公司，宝丽来公司，宾得公司，奥林巴斯公司	• 新的竞争对手于20世纪70年代出现，它们在美国国内胶卷和相机市场上推出了新的低价产品 • 柯达公司最初的回应只是略微降低了价格，过后依然维持以质量差异为基础的溢价定价 • 在接下来的数十年里，竞争对手不断蚕食柯达的市场；柯达公司（最终）启用欢乐时光商标（FuntimeTM），于1994年进入低价胶卷市场
德国戴姆勒–奔驰公司	高端豪华汽车，采用世界一流的德国机械工艺生产；价格溢价是为了强化梅赛德斯的"神秘感"	雷克萨斯公司，英菲尼迪公司	• 20世纪80年代末，日本汽车制造商推出了成本更低的优质品牌 • 奔驰认为低价竞争对手所建立的品牌形象永远无法与自己公司相匹敌，于是它继续坚持采用成本加成定价法 • 1991年，雷克萨斯公司在美国的销量超过了梅赛德斯；1992年，宝马公司在德国的销量超过了梅赛德斯 • 1993年，奔驰公司有史以来第一次出现了全年亏损；新任的首席执行官开始推行市场导向定价法

(续表)

公司名称	原有定位	新的竞争对手	案例概要
美国卡特彼勒公司	最优质最耐用的建筑施工设备；公司引以为豪的是自身的产品优化能力，而非创新能力	小松集团	• 小松集团凭借价格低廉的创新型重型推土机飞速发展，这种产品直接威胁到卡特彼勒公司的市场地位 • 卡特彼勒早期基本上只采取了象征性的行动：尝试通过集中劳动力来对抗小松集团，但与此同时，依然坚持其原有的优势地位 • 1981—1986年，卡特彼勒在美国的市场占有率下跌了7%，几乎全部被小松集团蚕食 • 在20世纪80年代这10年间，公司开始推行降低生产成本的战略
美国西尔斯公司	销售各种耐用消费品的百货商店；通常被消费者视为美国最优质的公司之一	凯马特公司（以及后来的沃尔玛公司和塔吉特公司）	• 20世纪60年代，凯马特公司及折扣零售市场横空出世 • 西尔斯公司对自己的货品进行更新和调整，扩充了产品系列，在其中增加了价格更高（利润更高）的产品 • 顾客难以理解这种新的定位，于是为了维持客户的忠诚度，西尔斯公司大幅降低产品价格 • 在20世纪七八十年代的这20年间，凯马特公司一直蚕食西尔斯公司的市场份额 • 终于在1988年，西尔斯公司采取了"每日低价"的战略，但却根本无法在价格上抗衡凯马特公司

STALL POINTS
MOST COMPANIES STOP GROWING
YOURS DOESN'T HAVE TO

Kodak）遭遇了一大堆新的竞争对手，它们把价格低廉的胶卷和照相器材新产品推向了柯达所在的美国国内市场。面对这种情况，柯达公司管理层只是敷衍性地降低了一下产品价格，过后，继续假想其质量具有优势，依然坚持它那高昂的定价政策。柯达最终在20世纪90年代中期进入了胶卷和相机的低价市场，但此时它的照相器材市场占有率已经减半，而核心的胶卷业务也已经损失了1/3的市场份额。更糟糕的是，另一个挑战接踵而至。数码相机的诞生对公司的特许经营方式和商业模式带来了巨大的冲击。从那时起，面对传统胶卷和数码产品之间截然不同的呈现形式和市场，柯达公司管理层为了跨越鸿沟，一直在热切且毫不隐瞒地为公司发展战略寻找坚定的立足点。

在柯达公司忙于应付入侵本土市场的国外新竞争对手时，20世纪60年代末至70年代初，西尔斯公司至高无上的市场霸主地位也遭遇了前所未有的挑战，管理层对此做了强烈的挣扎，却苦于应对。现在来看，曾经的西尔斯在美国零售业可谓雄霸天下：截至1972年，西尔斯已经开设了900家大型商场、2600家展示店（公司在店面只展示样品或目录，消费者到场确认并完成购买手续后，自行到城郊的物流配送中心提取货物，或者由公司直接送货上门）及零售网点，销售额占到美国国民生产总值的1%。据统计，在任意的3个月时间段内，都有2/3的美国人会光顾西尔斯购物，而半数以上的美国家庭都持有西尔斯的信用卡。

但是20世纪60年代，西尔斯的麻烦来了，诸如凯马特公司（Kmart）这样的折扣零售商（山姆·沃尔顿于1962年开设了他的第一家沃尔玛）和赫尔曼体育用品店（Herman's Sporting Goods）这样的大型特类专卖店横空出世，与西尔斯的传统销售方式相比，这些竞争对手要么成本更为低廉，要么产品和服务更为多样化。到了20世纪70年代，西尔斯这家"大商店"的销售增长遭遇了长达10年的自由落体，这让管理层充分意识到所面临挑战的严峻性。出于第一本能，公司在70年代初期曾经尝试着向高端市场推进，在店内增加了价格更高的高档商品和时装。但是，这些价高质优的新增商品让消费者感到困惑，他们成群结队地逃离了。管理层随后调整了方向，利用降价战略把顾客吸引了回来，但这种做法却也侵蚀掉公司的所有零售利润。20世纪80年代，公司另辟蹊径，跨界进入金融服务业，然后又退了出来。后来在2005年，西尔斯与其竞争对手凯马特合并，终于稳定并巩固了自己在零售业的地位，但却再也没能恢复曾经的市场霸主气势。

20世纪80年代初期，卡特彼勒公司遭遇了挑战。来自日本的小松集团（Kmatsu）推出价格低廉的创新型重型推土机，直接向卡特彼勒公司的市场领导地位发起了挑战。对此，卡特彼勒公司管理层做出了优势地位公司的惯常反应。在80年代前5年内，它将市场份额割让给了小松集团，因为它认为，损失给低成本、低质量公司的市场份额将会趋于稳定，从而不会再对自己主要坚持的高价位市场造成冲击。于是到1986年，卡特彼特公司在美国的市场份额下跌了7%，几乎全部归小松集团。到80年代结束时，卡特彼特公司的收入增长率下滑到了一个特别低的个位百分数，致使它不得不调整战略，将重心转向降低生产成本。

高估品牌的保护力

在受到竞争冲击时，拥有优势地位的企业通常会采取的第二种行为，是转而依靠品牌资产这个假想的保护伞。美国运通公司（American Express）、可口可乐公司（Coca-Cola）、亨氏公司（Heinz）、金宝汤公司（Campbell Soup）等，以及其他众多公司，在面临竞争对手通过所谓的低质产品发起竞争冲击时，认为自己花费了数十年时间培育起来的品牌是一种资产，能对定价溢价产生保护作用。比如，博登公司（Borden）最初的定位是质量最可靠的乳制品生产商。随着消费者对本地品牌和商场自营品牌的信任度逐渐提高，这个定位失去了优势。但是博登认为，自己的品牌资产"每加仑大约值一美元"，可以保护定价溢价，然而却因产品缺乏真正的质量优势，公司增长出现了停滞。

宝洁公司（Procter and Gamble）是品牌管理的典范，它同样也发现了品牌保护力的局限性。20世纪90年代初，宝洁发现自己的增长停滞了，各系列产品都遭到了商场自有低价品牌的围攻。1992年末到1993年初，宝洁看到自己各种产品的市场份额都出现了全面下降［公司的一些标志性品牌，比如象牙（Ivory）、汰渍（Tide）、清洁先生（Mr. Clean）、帮丝（Bounce）、万洁（Cascade）、佳洁士（Crest）、杜肯汉斯（Duncan Hines）、帮宝适（Pampers）等，都加入了这次的美国市场份额大撤退］。宝洁公司时任首席执行官埃德·阿特兹（Ed Artzt）在《华尔街日报》(Wall Street Journal)上坚定且直截了当地评论了因公司自身原因所导致的这个错误："我们的系统塞进了太多不能创造价值增值的成本，并将它们转嫁给了消费者。这是过惯好日子落下的毛病。而这个过程也削弱了消费者对我们品牌的忠诚度，因为在消费者看来，我们品牌内含的质量和性能并不能充分体现出价格差异。"

阿特兹发起了一项大规模的价值定价运动，取消了整个流程中的很多商业折扣和激励措施，与此同时，关停了147家生产工厂中的30家，撤销了3个管理层级，并且裁员了13000人（占到员工总数的12%）。他的继任者约翰·佩珀（John Pepper）再接再厉，进一步削减了公司的品牌数量，并推出了一项名为"组织2005"（Organization 2005）的重大计划，将关注重点放在了全球化的品牌管理上。

在我们的研究中，宝洁公司是"隐形"停滞公司中的一个代表。1991—1999年，公司收益稳步增长，去除通胀后的市值也随之上涨了30%多，在21世纪初这几年，它也一直保持着健康的同比年收入增长率。

毛利率束缚

第三个行为，是多年来围绕丰厚利润率构建的绩效评估指标体系。它导致企业在面对威胁自己优势地位的挑战时，未能及时做出有效的反应。当企业发觉自己受到自身管理体系评价指标的限制时，就是发生了毛利率束缚（见表6.2）。我们在表中列举了一些企业实例，它们难以在利润率和市场份额之间找到平衡点，并且也错

表6.2 毛利率束缚的典型实例

公司名称	曾经的绩效评价指标	评价指标过时的原因	公司的反应
美国康柏公司	毛利率为40%	物美价廉的"组装机"生产商声名鹊起；市面上出现了价格仅为1000美元的个人电脑	新任管理层大幅削减了价格（"康柏冲击"），之后，将绩效评价指标调整为单机成本和产品开发周期
美国菲利普-莫里斯公司	毛利率	廉价香烟的价格优势诱使吸烟者放弃了对万宝路品牌的忠诚度	管理层将重心转向了重新夺回损失给廉价产品的市场份额，这种战略转变促生了"万宝路周五"这个大降价活动
美国卡特彼勒公司	新产品开发周期为10年	竞争对手小松集团成本低廉、反应灵敏，利用一系列创新型的重型推土机窃取了卡特彼勒公司曾经的忠实客户	在20世纪80年代末，卡特彼勒公司将产品开发周期缩短到6年，到目前已经进一步降低到3年
德国戴姆勒-奔驰公司	新产品开发周期为10年	新的低成本竞争对手和传统竞争对手们比奔驰更快地推出了新一代的创新型豪华汽车	迅速推出了新款的C级车，并且进军保姆车和运动型多功能车（SUV）市场，这些举动充分体现了公司开始致力于新产品开发的决心

前两行：这些公司未能在利润率和市场份额之间找好平衡点

后两行：这些公司错误地判断了市场对产品质量和新产品开发速度的要求

误地判断了市场对产品质量和新产品开发速度的要求。康柏公司（Compaq）与菲利普·莫里斯公司（现为奥驰亚集团）在面对来自其他企业的围攻时，拒绝降低毛利率，结果两家公司都在20世纪90年代初遭遇了增长停滞。这类公司的商业模式一般都是建立在40%左右的毛利率基础上，它们一直推迟对市场变化做出反应，直到市场份额突然急剧萎缩，才恍然大悟自己必须抛弃原有的评价指标和商业模式，努力面对新的现实情况。

创新束缚

第四种行为，是在面对新的低成本竞争对手时，只是闷头向前冲，企图在创新上超越它们。通常情况下，企业围绕自身优势地位所构建的商业模式是为了不断地循环形成价格溢价，因而更适于进行循序渐进的创新。所以，当市场上出现成本更低的竞争对手时，受到创新束缚的公司实际上并不会采取更为艰难的战略，即通过重新思考成本基础来降低自己的产品或服务价格，反而会推进新一轮的产品改进升级。

但是，如果公司的商业模式和文化本身就旨在开发并推出更多的产品，答案就没有这么简单了。我们通过图示来举例说明杜邦公司在第二次世界大战后40年内的创新回报变化（见图6.1）。杜邦公司在20世纪40年代开发推出的产品，到20世纪五六十年代仍然是其营业收益的主要贡献力量。但是到了1970年，前10年所推出的产品让营业收益第一次出现了下滑，公司几十年来对创新进行投资的良性循环被打破。

杜邦公司在20世纪70年代的经历告诉我们，因为强大的创新文化而备受推崇的那些公司，其商业模式依赖于创新，当市场出现疲软时，除了加强创新力度，它们很难找到其他应对方式。这些公司在发展过程中逐步演变为新产品和新服务的开创者，因此其管理团队受历史原因限制，在做战略选择时，完全不会考虑与创新无关的其他战略。除此之外，公司的成本结构是为了支持创新而构建的，这也让这些

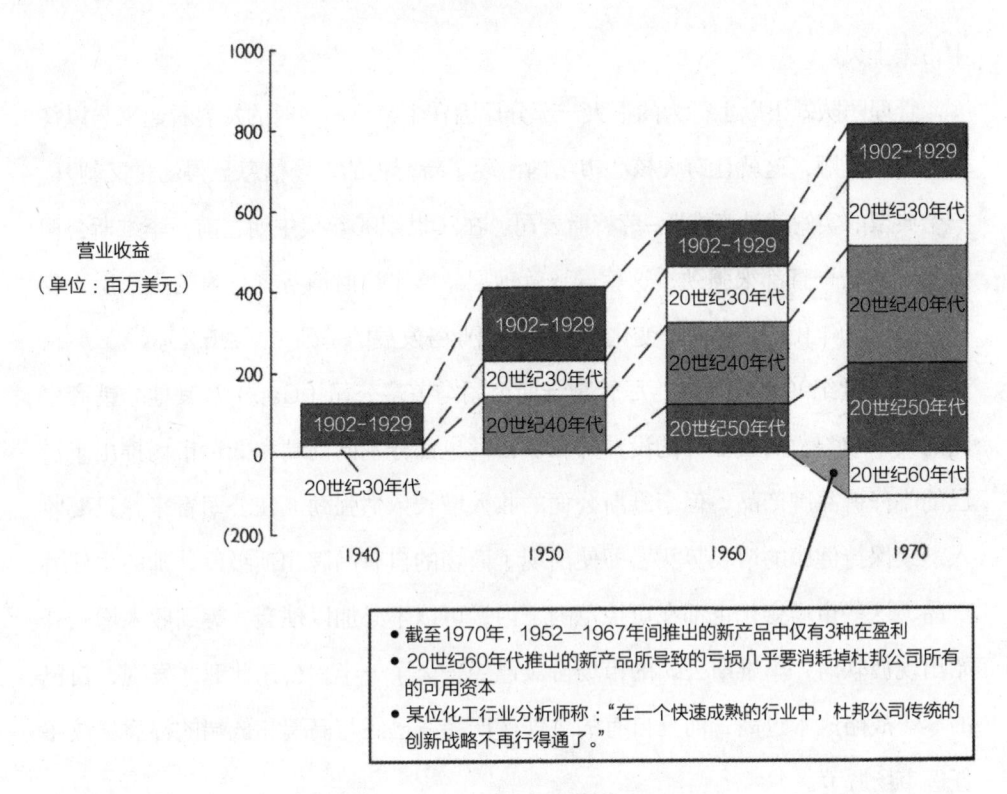

图6.1 产品创新回报的变化：
特定年代推出的新产品对杜邦公司每个年代营业收益的贡献（1940—1970年）

- 截至1970年，1952—1967年间推出的新产品中仅有3种在盈利
- 20世纪60年代推出的新产品所导致的亏损几乎要消耗掉杜邦公司所有的可用资本
- 某位化工行业分析师称："在一个快速成熟的行业中，杜邦公司传统的创新战略不再行得通了。"

企业难以考虑毛利率或成本更低的其他战略选择。

对需求的重大转变失察

最后，在近年来（1990年以后）发生的增长停滞事件中，很普遍的一种管理行为就是，对需求的重大转变失察。在这种情况下，企业开展了复杂多样的市场调研和分析活动，但就是没能重视在核心市场中越来越强大的新竞争对手行为或越来越明显的新客户偏好。公司继续依赖于业已式微的产品或服务特性，而新出现的颠覆性竞争对手则通过强调自己产品尚未得到充分认识的差异化特性，在竞争中占据上风。

管理团队做出以上行为的很大一部分原因在于，公司当时的发展看起来与以往一样一帆风顺，这就让有关核心市场内出现了新行为的市场信息显得幼稚又刺耳。一个典型的实例就是李维斯-劳特斯公司。在20世纪90年代中期之前，李维斯公司的收入增长一直都很强劲，这就导致管理层忽略了当时消费者行为的两个重大变化。到了90年代末，这两个变化掏空了公司业务发展的基础（见图6.2）。

在20世纪90年代初期，尽管李维斯公司与盖璞公司（Gap）及其他分销商之间的关系破裂，而且业界的设计师和零售商也都分别向高端和低端市场推出了自己的牛仔裤品牌产品，但李维斯公司的收入增长依然强劲。在公司看来，只要收入继续保持健康的增长势头，即使出现了商场的自有品牌和顶级设计师的牛仔裤产品，这些市场变化也都在可控范围之内，可以不必加以理会。等到收入增长开始出现疲软时，李维斯公司的市场份额已经丧失了一半，公司此时才发现，自己的零售战略成本过高，而且自有的牛仔裤产品线已经与高端和低端的棉质斜纹牛仔裤市场脱节。

这些现象的相关市场数据在这10年内逐渐公开呈现，李维斯公司的高管并非看不到，但是，眼前的成功往往会导致管理层对市场的变化情况做出不恰当解读。所以，真正的挑战在于如何从纷繁复杂的"噪声"中辨别发现预警信息。李维斯公司的经历充分表明，在火没有烧到眉毛的情况下，要让公司对威胁自己优势地位的市场事件做出反应，实在是太难办到了。如果公司销售在持续增长，你怎么可能会在意出现的问题呢？20世纪90年代末，李维斯公司的时任首席营销官戈登·尚克（Gordon Shank）不无遗憾地承认，"我们没有注意到不好的迹象。或者说，我们在自欺欺人"。

只痴迷于应对传统的竞争对手

不管具体是哪些行为让大型企业受制于自身的优势地位，导致失于"防守"，

第六章　优势地位束缚

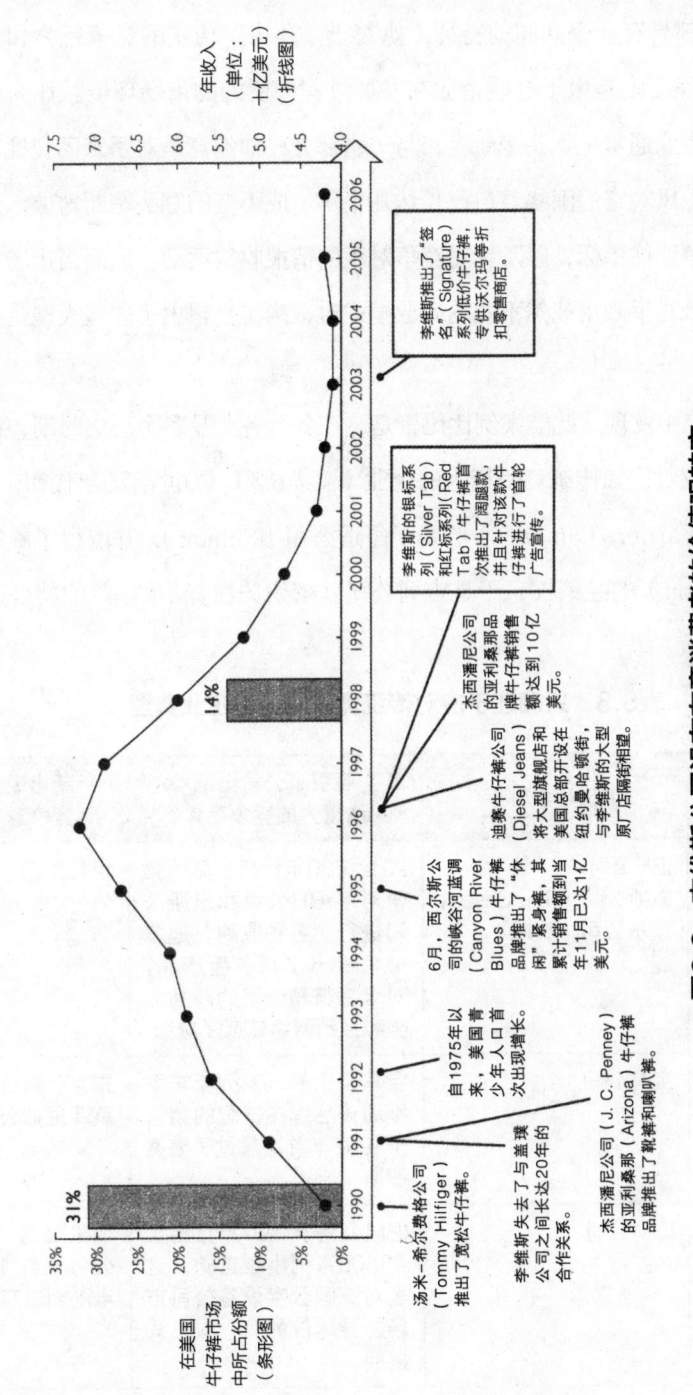

图6.2　李维斯没有在意消费者的价值观转变：
公司在1990—2006年间的业绩情况vs.市场中的标志性竞争事件

这些行为几乎都具有一个共同的特征：执着于"还击"传统的竞争行为和竞争对手。这在很大程度上是由于这些企业在发展过程中所处的市场环境。作为市场的主导者，这些企业通常是寡头垄断者，与一小部分已知的竞争对手来回交换市场份额，轮流占据上风。它们围绕着自己长达几十年一成不变的寡头垄断地位，逐步形成了目前的竞争评估指标，以及针对竞争对手的情报收集活动。因而当市场上新出现的颠覆性竞争对手采用截然不同的商业模式时，确实是超出了这些大型企业的关注范围。

我们在研究中发现，此类案例比比皆是，在各行各业及各个历史时期，都存在那些只痴迷于应对已知传统竞争行为的企业（见表6.3）。20世纪70年代初，华纳-兰伯特公司（Warner-Lambert）收购了舒适公司（Schick），并取得了威尔金森公司（Wilkinson）的经销权，于是吉列公司就密切关注着华纳-兰伯特公司的一

表6.3 只痴迷于应对传统竞争对手的企业典型

公司名称	传统竞争对手	吸引了公司全部注意力的竞争事件	新出现的竞争对手
美国卡特彼勒公司	IBH公司，凯斯公司（J. I. Case），迪尔公司（Deere）	20世纪80年代初，德国竞争对手IBH公司和凯斯公司进行了各种收购，迪尔公司推出了众多新产品，对卡特彼勒公司的产品优势和经销网络造成了威胁	小松集团
德国戴姆勒-奔驰公司	宝马公司	宝马公司的一系列新车型推动该品牌在德国的销售于1992年首次超过了梅赛德斯	雷克萨斯公司，英菲尼迪公司
美国数字设备公司	IBM公司	IBM公司于1987年推出了AS400系列小型电脑，这是对美国数字设备公司市场主导地位的第一次正式挑战	苹果公司，太阳公司，各种个人电脑制造商

（续表）

公司名称	传统竞争对手	吸引了公司全部注意力的竞争事件	新出现的竞争对手
日本柯达公司	杜邦公司，3M公司	20世纪70年代初，来自美国化工行业的竞争对手进入市场，推出了自主品牌胶卷	富士公司
美国吉列公司	舒适公司，威尔金森公司	华纳-兰伯特公司收购了舒适公司；20世纪70年代初，高露洁公司买到了威尔金森品牌的经销权	比克公司
美国阿曼盛家庭储蓄公司	富国银行，美国银行	20世纪90年代初，富国银行和美国银行对阿曼盛公司在富裕家庭市场中的地位发起了挑战	全美房贷公司（Countrywide Mortgage）
美国锐步公司	拉盖尔公司	20世纪80年代后期，拉盖尔公司的时尚鞋对锐步公司的核心市场定位带来了挑战	耐克公司
美国施乐公司	IBM公司，柯达公司	20世纪70年代初，IBM公司和柯达公司针对施乐公司传统的中高端市场定位，开发了竞争产品	理光公司，佳能公司

举一动，对比克公司（BIC）推出一次性廉价剃须刀所带来的威胁视而不见。70年代后期，施乐公司只痴迷于应对IBM公司和柯达公司对其高端复印机业务造成的威胁，却对理光公司（Ricoh）和佳能公司（Canon）在中低端市场的围攻不予理睬。20世纪80年代后期，锐步公司（Reebok）将战略关注点放在了拉盖尔公司（LA Gear）对自身时尚鞋定位所造成的威胁，对耐克公司（Nike）疏于防范，导致耐克凭借集运动性能和时尚感于一体的时尚鞋定位迅速崛起。在所有这些案例中，企业管理团队并非没有注意到新竞争对手的出现，但是过往的竞争历史却禁锢了他们的眼界和关注点。

不屑一顾、拒绝承认、阿Q精神

在结束本章之前,我们希望再次强调,要让管理团队重视那些低端或颠覆性竞争对手所带来的威胁,要让龙头企业相信那些(看起来)无足轻重的暴发户会撼动自己在市场中的统治地位,简直比登天还要难。从本章中的公司实例我们不难看到,这种深层次的麻痹心理困住了众多龙头企业,让它们在这段时间里陷入停滞困境。富士公司(Fuji)并非在一夜之间就取代了柯达在相机和胶卷市场中的统治地位,而是经过14年才成功,但是在如此漫长的岁月中,柯达的管理层却根本不屑于承认富士的存在。在整整17年的时间里,西尔斯公司都拒绝认真对待凯马特公司,最终,被凯马特挤出了头把交椅。卡特彼勒公司市场地位的下滑同样也经历了一个漫长的过程。

你也许会认为在我们的研究中,总会有公司曾经不遗余力地努力应对过这些新出现的威胁(见图6.3)。但遗憾的是,你只会发现普遍存在的3重麻痹心理:不屑一顾、拒绝承认、阿Q精神。这通过大型公司高管的话语就可以看出来。柯达公司对它所称的"其他制造商"嗤之以鼻。卡特彼勒公司董事长的话也显示出他拒绝承认事实的同时,在自欺欺人。西尔斯公司企划总监的话语则是一种虚张声势,他说:"即使我们把自己的销量减半再减半,也依然是行业内体量最大的公司。"这些公司在当时都极为成功,但是,它们的收入增长之路却被看似不太可能的颠覆性竞争对手阻断。限制这些大型企业做出反应的战略假设,一开始只是在缓慢失效,最终就完全失效了。而以上大型公司的这类应对行为有可能会在企业的发展历程中再次出现,也有可能会持续存在。

优势地位束缚背后的战略假设

在受到优势地位束缚的公司,管理团队的行为(和不作为)背后是一系列关于客户、竞争对手和市场的战略假设。这些理念是管理团队共同世界观的形成基础,

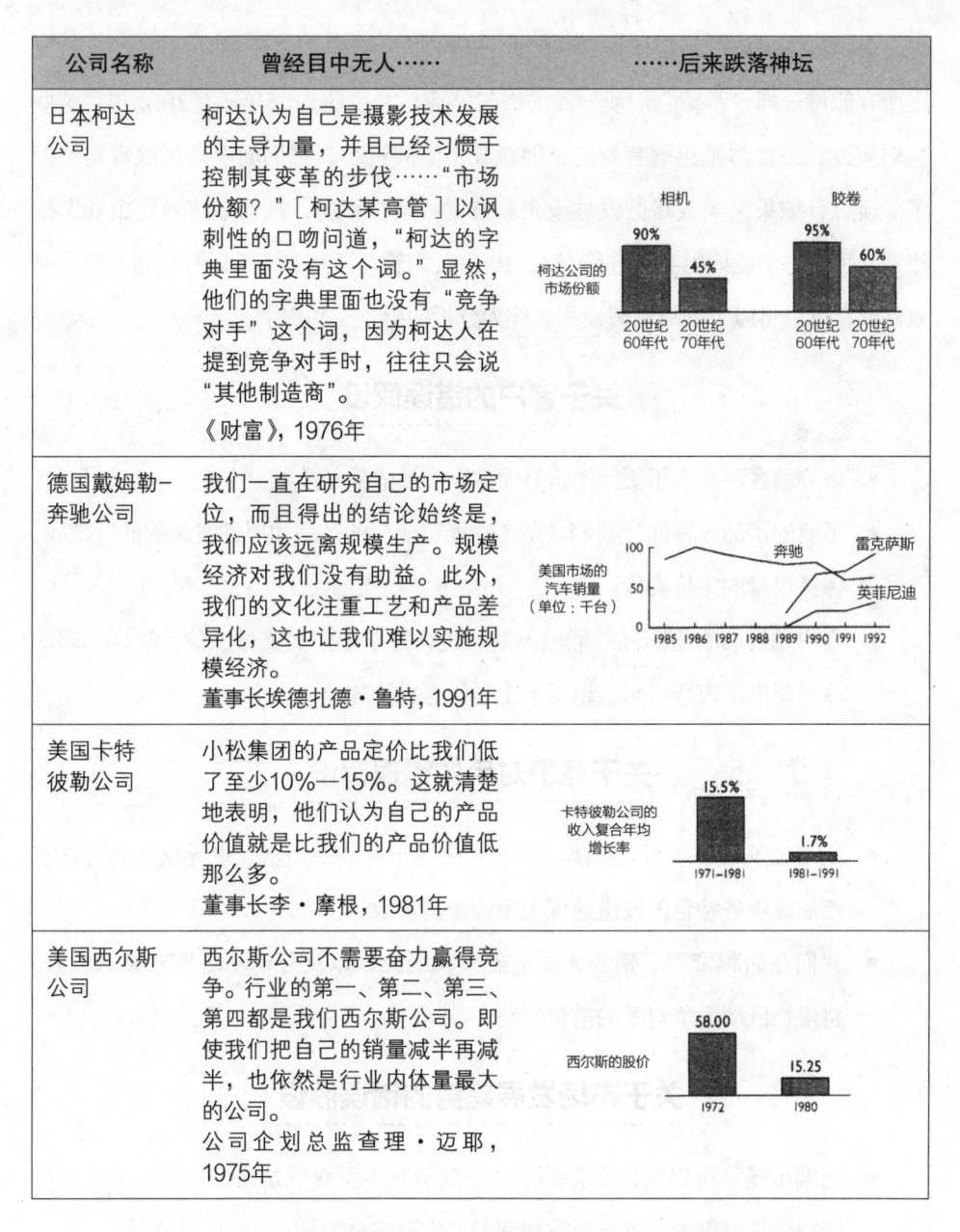

公司名称	曾经目中无人……	……后来跌落神坛
日本柯达公司	柯达认为自己是摄影技术发展的主导力量，并且已经习惯于控制其变革的步伐……"市场份额？"[柯达某高管]以讽刺性的口吻问道，"柯达的字典里面没有这个词。"显然，他们的字典里面也没有"竞争对手"这个词，因为柯达人在提到竞争对手时，往往只会说"其他制造商"。 《财富》，1976年	柯达公司的市场份额：相机 20世纪60年代 90%，20世纪70年代 45%；胶卷 20世纪60年代 95%，20世纪70年代 60%
德国戴姆勒-奔驰公司	我们一直在研究自己的市场定位，而且得出的结论始终是，我们应该远离规模生产。规模经济对我们没有助益。此外，我们的文化注重工艺和产品差异化，这也让我们难以实施规模经济。 董事长埃德扎德·鲁特，1991年	美国市场的汽车销量（单位：千台）1985—1992年 奔驰、雷克萨斯、英菲尼迪
美国卡特彼勒公司	小松集团的产品定价比我们低了至少10%—15%。这就清楚地表明，他们认为自己的产品价值就是比我们的产品价值低那么多。 董事长李·摩根，1981年	卡特彼勒公司的收入复合年均增长率 1971—1981年 15.5%，1981—1991年 1.7%
美国西尔斯公司	西尔斯公司不需要奋力赢得竞争。行业的第一、第二、第三、第四都是我们西尔斯公司。即使我们把自己的销量减半再减半，也依然是行业内体量最大的公司。 公司企划总监查理·迈耶，1975年	西尔斯的股价 1972年 58.00，1980年 15.25

图6.3 不屑一顾、拒绝承认、阿Q精神三重麻痹心理的典型实例

也是公司具体战略的制定依据，它们让公司的收入在停滞之前得以一直保持增长。跟所有假设一样，不论它们所导致的增长停滞是发生在1955年还是2005年，这些战略假设在最初都是正确有效的，但在某个时间过后，它们就不再反映现实情况了。所以，如果某类战略假设导致企业被优势地位束缚，从而最终致使企业发生停滞，那么它们就值得我们进行深入剖析。公司管理团队在衡量自身战略假设的有效性时，可以将以下的战略假设列表作为分析的出发点和提纲。

关于客户的错误假设

- 核心顾客不会为了更低的价格而放弃产品的部分性能。
- 不断的产品改良能让我们抵御"性能较低"的产品和服务发起的低价挑战，保持自身的定价溢价。
- 客户始终会看重产品性能的不断改进，并乐于为之支付溢价。所以，即使改进超出了市场需求，也基本上是没有风险的。

关于竞争对手的错误假设

- 低端竞争对手永远无法满足核心客户对于性能的需求，也无法与本公司在产品或服务特色的改进速度上相媲美。
- 我们在品牌资产、销售人员的规模和经验，以及分销网络等方面的优势，将阻挡低端竞争对手的前进道路。

关于市场发展趋势的错误假设

- 低端市场是可以割让出去的；由于竞争对手蚕食低端市场而导致的市场份额损失是有限的，不会影响到我们的主要细分市场。
- 我们应该将关注重点放在传统的竞争对手上，时刻注意它们的产品和营销活动；在对比竞争情况时，应该以大型竞争对手作为比较的基准。

优势地位束缚小结

在我们的案例研究和分析中，优势地位束缚是占比最大的一类停滞因素，它指的是在面对新的低成本竞争对手带来的挑战时，或者当消费者对产品特性的价值判断发生巨大转变时，公司无法做出正确有效的应对。在案例研究中，该因素呈现出了5种表现形式：不在乎竞争对手的颠覆性定价/颠覆价值定位；高估品牌的保护力；毛利率束缚；创新束缚；对需求的重大转变失察。不管是哪种表现形式，其核心问题都在于处于优势地位的企业无法有效地转变自身的商业模式，让其转而建立在新的低成本基础之上。

高管层自测题

1. 我们有没有系统性的方法，可以用来测试关键客户群体对我们产品和服务属性的价值判断是否发生了变化？

2. 我们有没有经常更新这些有关消费者价值观转变的信息？（至少每年一次）

3. 当市场上出现新的竞争对手且其商业模式与我们的有所不同时，我们有没有对它们销量和销售额所占的市场份额分别进行跟踪了解？

4. 我们有没有能力推出更低成本的产品和服务，来逐步替换掉我们现有的产品和收入来源？

5. 我们有没有系统性地（并且诚实地）测试核心客户，看他们是否愿意为了更优良的性能和/或品牌声誉而支付溢价？

测试结果解析

在上面的问题中，如果有两个或以上问题都回答了"否"，那么，管理团队就有必要重新审视自己当前的市场调研方式，尤其是针对核心客户群所进行的那些调查研究。这个测试的目的在于了解"当消费者在优越性能或品牌

> 力等方面的偏好刚一开始发生转变的时候，我们是否就能马上捕捉到？"如果答案是"否"，就表示公司应该做好应急规划，在必要时修正现有的商业模式（包括现有毛利率和成本基础），以便在18个月内对新出现的低成本竞争对手做出应对。

第七章
创新管理失败

我们中的大多数人在耳濡目染下，会将大型企业的长盛不衰与各自新产品的不断推出联系在一起。比如，全球消费者显然在期待汽车制造商每年都会推出重大的创新；人们越来越频繁地期待消费品公司推出具有"改进后的新的"功能的产品；而对于技术公司加快创新及进一步提高性价比的期待，使得这种做法已经成为它们的"铁律"。虽然摩尔定律（Moore's Law）（认为集成电路的性能和成本之间呈反比关系）终究只是一种管理决策，而非自然法则，但是实际上，大部分巨型公司为了接连不断地进行产品创新，商业模式已经逐渐发生了演变。所以，如果这些企业最重要的业务流程核心出现了问题，就会导致它们的收入增长出现持续多年的严重低迷。

在50年来的当代商业发展史中，创新管理问题是导致收入增长出现危机的第二大类最常见因素。在我们的研究中，有过半数的企业都是因为创新管理问题而发生停滞。在分析当代众多大型企业的增长计划和工作安排重点的过程中，让我们最为担忧的是很多企业都声称，产品或服务创新是自己未来的收入增长之路所依赖的核心和重点。在它们看来，创新就像一种近乎神奇的插件，或者说未知数x，总能在定价策略、并购行为以及市场份额占比等所带来的经济收益基础上，帮助企业维持未来多年的增长势头。

停滞的根源在于流程管理失效，而非产品本身失败

在创新管理问题所导致的收入增长停滞中，我们注意到，问题显然并非出在企业所推出的单个或多个新产品本身。某种"新口味可乐"可能偶尔也会比较难喝，但其结果通常只是让企业增长的脚步踉跄一下，却并不会导致企业财富增长出现长期性的逆转。相反，我们发现，导致收入增长出现长期停滞的原因在于基础研发、产品商业化等一系列的产品创新环节，是其中某些环节的活动出现了严重的低效或职能失调问题。

我们通常认为那些历史悠久并且注重创新的知名公司相对来说更为强健，因为时间证明它们具有恢复增长的能力。但是在打量停滞因素时我们发现，这些公司的创新管理业务流程实际上极为不稳定，这让人为之惊讶（见图7.1）。

比如，在进行案例研究时我们注意到，有些停滞的起因是企业对研发基本职能的位置和方式设置不当。20世纪70年代的施乐帕洛阿尔托研究中心（Palo Alto Research Center Xerox，PARC）就是最为著名的一个例子。当时，该中心在美国西部，与位于东部的总部相隔万里，因此它没法与公司的销售和营销领导团队之间进行有效的互动，致使公司未能将该研究中心在个人电脑技术领域的突破性研究成果有效地转化为商业产品。此外，我们也看到在很多企业，资金决策延误了创新突破的时间，以致创新速度难以赶上公司所需的收入增长。在一些因为创新而备受推崇的企业，比如苹果公司，过度设计导致产品开发周期延长，从而使得公司难以针对快速变化的市场环境及时做出反应，影响了收入的增长。而有些企业由于产品商业化、新业务部门设置，以及为了设定新技术标准而发生内部斗争等方面的问题，导致收入增长发生多年的甚至是永久的停滞。

这些复杂多样的因素有一个共同点，它们都是有意识的管理决策所造成的结

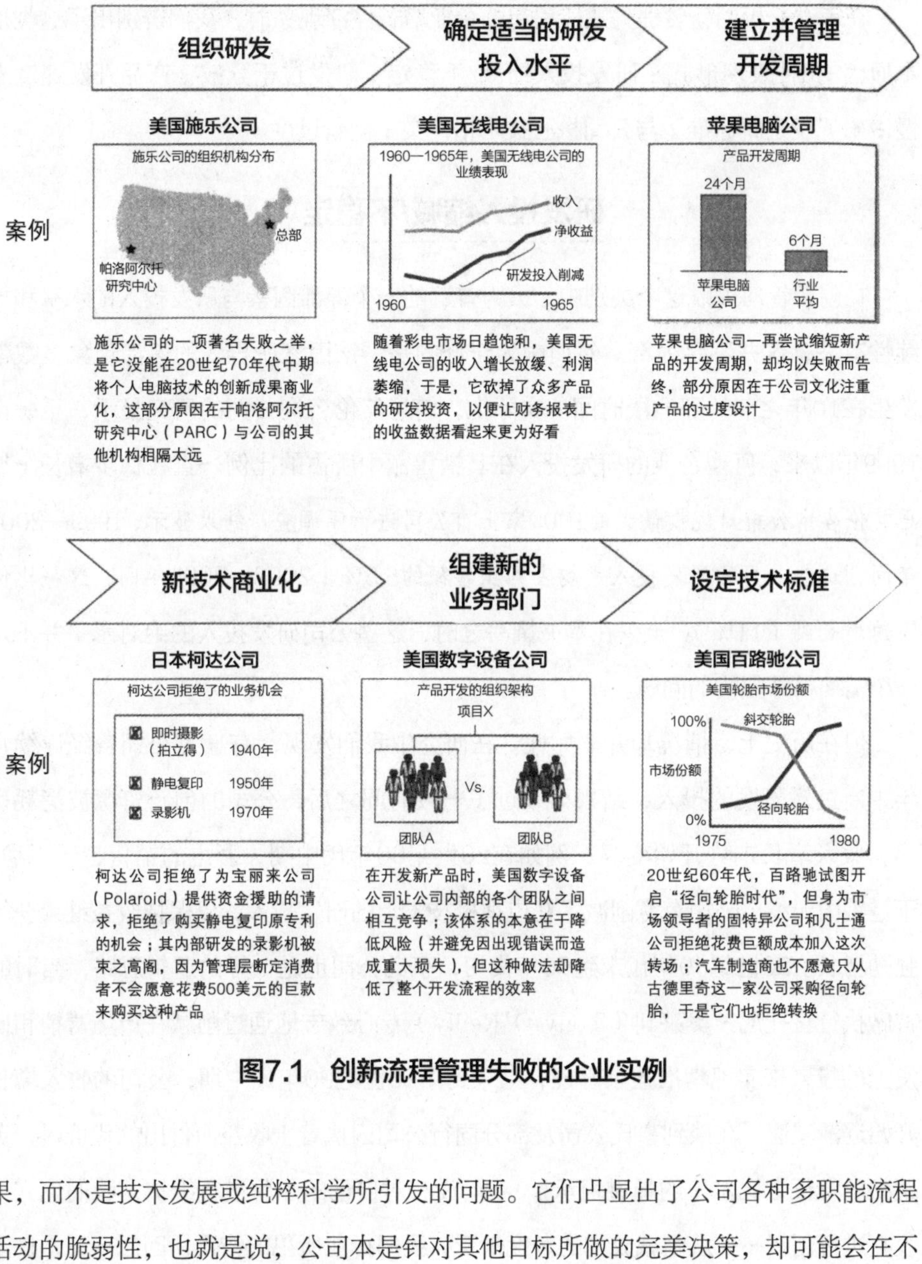

第七章 创新管理失败

	组织研发	确定适当的研发投入水平	建立并管理开发周期
案例	**美国施乐公司** 施乐公司的组织机构分布 （帕洛阿尔托研究中心／总部） 施乐公司的一项著名失败之举，是它没能在20世纪70年代中期将个人电脑技术的创新成果商业化，这部分原因在于帕洛阿尔托研究中心（PARC）与公司的其他机构相隔太远	**美国无线电公司** 1960—1965年，美国无线电公司的业绩表现 （收入／净收益／研发投入削减） 1960　1965 随着彩电市场日趋饱和，美国无线电公司的收入增长放缓、利润萎缩，于是，它砍掉了众多产品的研发投资，以便让财务报表上的收益数据看起来更为好看	**苹果电脑公司** 产品开发周期 24个月／6个月 苹果电脑公司／行业平均 苹果电脑公司一再尝试缩短新产品的开发周期，却均以失败而告终，部分原因在于公司文化注重产品的过度设计

	新技术商业化	组建新的业务部门	设定技术标准
案例	**日本柯达公司** 柯达公司拒绝了的业务机会 ☒ 即时摄影（拍立得）　1940年 ☒ 静电复印　1950年 ☒ 录影机　1970年 柯达公司拒绝了为宝丽来公司（Polaroid）提供资金援助的请求，拒绝了购买静电复印专利的机会；其内部研发的录影机被束之高阁，因为管理层断定消费者不会愿意花费500美元的巨款来购买这种产品	**美国数字设备公司** 产品开发的组织架构 项目X 团队A　Vs.　团队B 在开发新产品时，美国数字设备公司让公司内部的各个团队之间相互竞争；该体系的本意在于降低风险（并避免因出现错误而造成重大损失），但这种做法却降低了整个开发流程的效率	**美国百路驰公司** 美国轮胎市场份额 100%／斜交轮胎／径向轮胎／0% 1975　1980 20世纪60年代，百路驰试图开启"径向轮胎时代"，但身为市场领导者的固特异公司和凡士通公司拒绝花费巨额成本加入这次转场；汽车制造商也不愿意只从古德里奇这一家公司采购径向轮胎，于是它们也拒绝转换

图7.1　创新流程管理失败的企业实例

果，而不是技术发展或纯粹科学所引发的问题。它们凸显出了公司各种多职能流程活动的脆弱性，也就是说，公司本是针对其他目标所做的完美决策，却可能会在不经意间干扰到这些多职能的流程活动，并可能会在一段时间之后，对收入增长产生持久的影响。

在审查分析创新管理失败所引起的企业增长停滞现象时,我们辨别出了这类根本原因的6种表现形式:研发投入缩减/不稳定;研发过于分散;产品开发速度缓慢;未能设定新标准;与公司核心技术相冲突;创新过度。

研发投入缩减/不稳定

在创新管理失败这个类别中,最为普遍的一个停滞因素与研发投入的水平和持续性有关,这并不足为奇。然而颇为奇怪的是,该因素所导致的停滞现象多数都发生在10年之前的那一段时间。实际上,博思艾伦咨询公司的研究显示,至少自1999年以来,巨型企业的研发投入在其销售额中所占的比例一直在稳步增长(博思艾伦咨询公司对规模最大的1000家上市公司进行了调查,结果显示,1999—2002年间,这些公司的研发投入平均占到销售额的6.5%;2002—2004年间,这一比例飞速增长到了11%)。至少在本书撰写之时,这些公司研发投入的绝对水平并不是一个需要格外担忧的问题。

但在历史上,情况却并非如此。在研究中我们发现,有10家公司曾经连续几年中断过对研发的投入,结果导致过了一段时间之后,公司的创新资源被消耗殆尽,收入增长走势开始变弱。例如在20世纪60年代中期,彩电的销售趋于平稳,于是美国无线电公司有意削减了在电视机技术上的研发投入,以保持收益继续获得强劲增长。20世纪80年代末到90年代初,亨氏公司也是一样的逻辑思路,当时的首席执行官托尼·奥莱利(Tony O'Reilly)专心致志地通过削减在市场营销和研发上的投入来实现精准盈余管理,结果到了20世纪90年代中期,公司的收入增长开始逐渐减速。在谈到亨氏公司及部分同行公司因执着于收益而付出的代价时,奥莱利的继任者比尔·约翰逊坦承:"我们没有对自己的品牌进行维护,我们也完全没有进行创新……从削减成本的角度来看,我们行业所犯的错误,回想一下,在于并没有去降低系统性成本,而是削减了产品本身的成本。"

福特公司(Ford)、迪士尼公司(Disney)、可口可乐公司等其他公司,也都往往因为它们绩效评价体系中的财务指标让管理层看不到未来产品线的投资缩减会带来哪些成本的增加，因而削减了研发投入，结果导致收入增长发生了停滞。当今巨型企业的管理团队也许已经（至少暂时）不再担心研发投入的绝对水平。但是亨氏公司首席执行官约翰逊对缩减产品成本而非削减系统成本所做的上述对比性说法，难保在将来不会是历史留给我们的一个宝贵教训。

研发过于分散

有些公司将大部分研发活动都转移到了各个业务部门，我们的案例研究显示，这种做法非常危险。很显然，公司这样做的逻辑思路是，它认为研发活动离市场和各个业务部门的战略越近，其投资回报也就应该越高。但是，公司在采取这样的分散化措施时，往往会附加明确的（或隐性的）评价指标，这些指标会鼓动整个企业都去从新产品获得更高份额的收入增长，由此就产生了问题。公司可能会因此将资源过度集中于改进空间越来越小的产品，从而影响到在更大的未来产品平台上进行持续性的研发投入。

3M公司就是一个典型的实例。20世纪70年代中期，在经历了数十年的强劲增长之后，公司的收入增长陷入了停滞。自1902年创立以来，3M公司所遵循的成功套路一直都非常明确：针对工业应用领域开发创新解决方案，借此保持住一个优势地位，然后在这个市场成熟之后，跃升至下一个商机。在这种被观察家们称为"公司千足虫"（"开发一点，销售完，然后再开发多一点"）的战略指导下，截至20世纪70年代初，3M公司已经生产了60000余种产品（其中大多数产品套件的销售额都不足1亿美元），而且在公司的销售收入总额中，有25%以上是来自上市不足5年的新产品。

20世纪70年代，公司收入接近50亿美元，此时，这种细分市场跳跃式战略的内在增长潜力开始逐渐消退。当20世纪80年代初经济衰退逼近时，3M公司管理层为了提高利润数据，决定降低研发支出，将其保持在略高于销售额6%这个历史平均水平以下。这种做法取得了巨大的成功，公司的收益增长率大幅提升到了两位数。与此同时，管理层将大部分研发预算降到行业平均水平以下，并分拨给公司的42个业务部门（这些业务部门通常是围绕各产品线组建起来的）。

由于各分部将注意力集中在越来越狭小的细分市场机会上，3M公司的整体增长速度放缓了。1979—1982年，公司的年增长率从17%一路下跌到了略高于1%的水平，员工人均销售额也同步下滑。由于大部分研发都被以产品为中心的各个业务部门控制着，以致新产品的突破性研发活动被产品线的增量式扩展所取代，这最终导致收入的增长速度出现了急剧下跌。公司前首席执行官艾伦·雅各布森（Allen F. Jacobson）关于这个时代这样说道："我们曾一度追逐高利润，并倾向于针对细分市场开发溢价产品，这就意味着我们不愿意只进行纯粹的价格竞争，结果就导致我们从未充分改善并提高自身的生产制造能力。当被竞争对手紧紧追赶时，我们不愿意同它们正面交锋，因为对我们而言，通过创新进入一个新的细分市场总是更容易办到一些。"

当然，在总裁路易斯·莱尔（Lewis Lehr）的领导下，3M公司在20世纪80年代将大部分研发资源从各分部调回，集中到了4个主要部门，公司由此再次回到了向上的增长轨道。在低成本竞争对手不断蚕食公司原有的磁带等细分市场的当口，这一关键举动为公司提供了必要人员来推进更大规模的创新。莱尔的继任者继续努力将研发流程的重心从各分部移出，转向更大规模的创新平台，这种做法一直延续到现在。

产品开发速度缓慢

创新管理失败的第三个表现形式就是产品开发速度过于缓慢，这最终就导致收入出现停滞。虽然工艺设计、原型设计和测试流程等内部研发环节一个不少，让公司由此备感自豪，但它们却导致公司跟不上市场中其他企业的研发速度。产品开发速度缓慢这个因素通常会与其他停滞因素同时存在。比如，卡特彼勒公司长达10

年的产品开发周期，以及"对完美狂热推崇"的理念都源自其优势地位战略。20世纪80年代后期，苹果公司削减了整体研发预算，并且把留出的大部分研发资金投入到开发"下一件伟大产品"中，由此导致核心的个人电脑业务创新没跟上，核心业务受到影响，竞争对手趁机开始缩小它们与苹果卓越技术之间的差距。

波音公司（Boeing）和摩托罗拉公司（Motorola）所发生的停滞则凸显出，要将工艺设计和产品开发的步伐与市场变化速度同步起来，着实不易。波音的777客机被公认为是一项成功的产品，但它一开始的开发速度却过于缓慢，以致让空中客车公司（Airbus）夺去了主动权和市场份额（波音直到后来才重新收回）。同样，摩托罗拉公司几乎声名狼藉，原因是其手机技术的开发速度极为缓慢，内部的产品开发速度跟不上外部的手机市场发展速度，导致公司无法将工艺方面的改进转化为更长久的商业优势。

我们的分析师笑称摩托罗拉为"美国工业进程中吭哧吭哧的步进者"。它擅长开拓新的业务，之后又总能恰好赶上新的高增长机会，得以重返增长轨道。这往往让它的年增长率呈现出一种忽高忽低的模式，却同时也凸显出，公司具有在需要时重启增长的非凡能力。

未能设定新标准

创新管理失败的第四个表现形式，是公司成功地创造出了颠覆性的新产品或服务技术，却未能将这项突破设定为一项新的行业标准。读者也许会认为这种问题只存在于技术行业。比如，苹果公司之所以在1989年遭遇增长停滞，是因为它在80年代中期许可将自己的Mac操作系统供给更广泛的用户使用。但是，如果认为这种现象仅仅存在于计算机和个人电子产品行业的话，那就大错特错了。

古德里奇公司（Goodrich）惨遭失败，没能将无内胎轮胎设定为行业标准，所以当它20世纪60年代末70年代初向美国市场引入百路驰品牌（BFGoodrich）的子午线轮胎时，希望这是另一次制定行业标准的机会。子午线轮胎技术是米其林公司（Michelin）在欧洲开创的，该公司业务很少涉及北美。这种轮胎性能更好，燃油效率更高。但缺点在于，生产商需要改造生产工厂，成本负担比较高，而且改造后就不能再生产斜交/带式轮胎。

古德里奇公司管理层与米其林公司就成立合资企业进行了谈判，但米其林公司不允许古德里奇公司对合资企业拥有控制权，谈判因此破裂。古德里奇公司最终还是将大部分产能都转去生产子午线轮胎。而福特公司也表示有兴趣在多种车辆上使用这种轮胎，包括当时十分畅销的野马（Mustang）车型在内。于是，整个行业内的工程师都开始认可子午线这种优越的技术。但是在20世纪60年代后期，美国第一大轮胎制造商固特异公司（Goodyear）公开抨击子午线技术，并发起了一项运动，强调子午线轮胎在低速行驶时不太平稳，而且需要进行特别的调整。而古德里奇公司由于规模相对较小，没能凭借一己之力强有力地推广子午线轮胎，于是公司很快就缩减了生产规模，行业标准依然沿用斜交/带式轮胎技术。一直到1973年，这种形势才发生变化。当时，汽油成本上升，省油成为消费者首要考虑的因素，此时，米其林公司也已经稳固了自己在北美市场的地位，超过了古德里奇公司和固特异公司。在这样的情况下，古德里奇公司当时的高管同意进行投资，但却并没有办法提升自己在轮胎市场中的地位，这就导致该公司不得不在快速增长的化工品行业中屈居他人之后。

要开发或取得可制定为行业标准的技术并非易事，但古德里奇公司的案例告诉我们，对于公司而言，更难做出并且代价也更为高昂的战略选择，是要不要推广这项技术，以及如何击败市场力量更为强大的竞争对手（补充一点，该公司于10年前退出了轮胎业务，将百路驰品牌授权给了自己长期以来的竞争对手——米其林公司）。

与公司核心技术相冲突

部分增长停滞的发生与对新技术的利用有关，这种现象在当代企业中越来越多，也就是说，公司轻松获得或自行开发了一项新的更好的技术，但这项技术却与核心业务目前所采用的主要技术形成了直接的竞争。最容易让人想到的实例，就是柯达公司的数码摄影技术。该公司于20世纪90年代初认可了这项新技术，并对它进行了研究，但公司却难以把控由此给自己带来的颠覆性挑战。

另一个距离现在更为久远但也更具有戏剧性的案例，是西门子公司在20世纪70年代中期一直持续到20世纪80年代中期的这一段时间里，对传真技术所做的处理。20世纪70年代末之前，西门子公司一直都是电传通信行业的主宰者（现在的我们还有人记得电报这种通信方式吗？），占据了全球50%以上的市场份额。早在70年代初，西门子公司的研发部门就已经开发出传真传输的核心技术，并于1971年将该技术移交给了当时蓬勃发展的电传部门（见图7.2）。然而当时最适合采用传真技术的部门是远程电信部门，它就在财大气粗的电传部门隔壁，电传部门其实最不适合接纳这项新技术。因为在当时，电传技术虽然是更具有吸引力的一个投资热点，但其自身的前景已经开始变得迷茫。正是因为这个错误的落地决策，让西门子公司忽视了传真技术的业务发展机会，但在表面看起来却是由于质量原因。而与此同时，以富士通公司（Fujitsu）为首的一大批日本公司开始对该技术进行大手笔投资，因为传真技术不仅能传输字符，还可以传输图像。在接下来的8年时间里，传真技术的质量大幅提升，最终得以与电传传输技术的质量相媲美。到1979年，西门子公司在竞争中落败，它退出了传真机制造领域，在当时电传业务开始走向末路的情况下，选择将技术授权出去，并将面向德国市场的业务进行外包。西门子公司的战略副总裁在反省公司从这段经历中吸取的经验教训时表示："1971年，我们将传真技术交给了电传部门，但他们没有认真地把握好这个机遇……日本公司非常看重这项技术，对它做了改进，它们由此占领了当今的市场。如果西门子当时为传真技术单独设立一个新的部门，而不是把它交给电传部门的话，我们会在传真市场上取得更大的成功。"

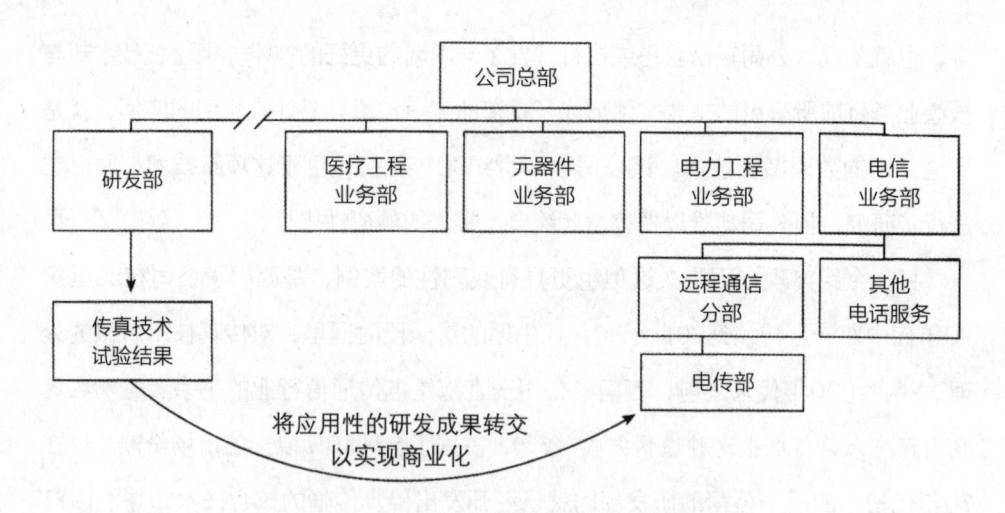

```
                           公司总部
     ┌──────┬──────┬──────┬──────┐
   研发部  医疗工程  元器件  电力工程  电信
         业务部   业务部   业务部   业务部
     │                      │       │
     ▼                   远程通信   其他
   传真技术                 分部    电话服务
   试验结果                  │
                          电传部
        将应用性的研发成果转交
           以实现商业化
```

**图7.2　为孵化新的传真业务所做的落地决策：
西门子公司1971年前后的组织架构**

创新过度

对于以创新作为发展推动力的企业来说，最令人懊恼的一个停滞原因就是所谓的创新过度，也就是说，连续反复的产品创新导致新增成本开始慢慢地超过了它所创造的新增收入。当前有很多文献都关注了这个问题，它们通常认为，随着库存产品品类激增，业务系统随之变得更为复杂，由此导致成本增加，所以通常都会建议简化产品线，从而提高成本管理效率。

发人深省的一个实例就是乐柏美公司（Rubbermaid）。它在20世纪80年代增长可观，年均增长率高达19%。1993年，甚至被《财富》杂志评选为最受尊敬的公司。但就在《财富》杂志在各大报摊火爆销售时，这家被比喻为橡皮女佣的优秀公司的步履开始变得踉跄不稳。20世纪90年代，前5年的年均收入增长率只有9%，1995年，收益出现了暴跌。

乐柏美公司陷入自身的成功套路，一直将产品多样化作为公司竞争战略的核心。用时任公司首席执行官的沃尔夫冈·施密特（Wolfgang Schmitt）的话来说，

"我们的目的就是用海量的产品淹没竞争对手,让它们无法复制我们"。到1995年,公司的产品线扩充到了5000多种单品,供应商超过了10000家,30%以上的销售额都来自过去5年内所推出的产品。公司产品线上的产品色调多达426种,其中甚至包括了18种深浅程度清晰可辨的黑色!

1994年,公司主要原料树脂的价格上涨了一倍。与此同时,包括塔克公司(Tucker and Sterilite)在内的众多低端竞争对手进入了乐柏美家庭日用品的核心市场。乐柏美公司的管理层很自然地企图将增加的树脂成本转嫁给消费者,但这一决定却并未得到其最大客户沃尔玛公司的全力支持,沃尔玛公司贡献了乐柏美公司总销售额的15%,却说什么也不肯接受加价。事实上一直以来,沃尔玛公司对乐柏美公司的产品都是挑挑拣拣,而现在为了惩罚乐柏美公司,又减少了对乐柏美在营销宣传上的支持,大幅削减了单品品类,并将乐柏美的产品从高容量通道的热门商品显示器上移除。

1995年12月,乐柏美公司为了应对销售增长的减缓和利润的暴跌,宣布放弃加价,并重新全面思考公司的战略。公司削减掉了45%的单品品类(这些仅占到销售额的5%),将供应商数量减少了70%,并将产品的色调减少到了58种。而最重要的变化,是公司修订了对各年代产品的销售目标,在修订之后的目标中,过去5年内所推出的产品只占总销售额的10%(而不再是30%)。

虽然乐柏美公司做出改变有点晚,但它的确还是对自己的成功路数做出了修正。可惜的是在修正之前,它与最大客户之间的关系已经变得疏远,而且听任一些极为强劲的新竞争对手从低端市场发起攻击并侵蚀了其特许经营权。

创新管理失败背后的战略假设

我们看到,创新管理流程中的许多问题最终都会导致收入增长陷入严重的停滞,尽管方式各有不同。让人尤感惊讶的是,创新活动的链条极为脆弱,整个流程极易受到管理层决策的影响,而管理层的决策是为了实现完全有效的公司层面的目标。在因创新问题而导致的这一类增长停滞中，错误决策所依据的是一系列针对竞争对手、客户及企业自身能力的假设，这些假设的有效性正在减弱（并最终会背离实际情况）。以下是其中的4种危险假设：

市场需要产品多样化。像乐柏美这样持之以恒的成功创新者会发现，自己公司核心产品线越来越多的更新换代和改进正在超出市场的需要，这就让它曾经的基本假设（市场对于产品差异化和产品性能的需求是无止境的）不再靠得住。

削减创新投入不会影响长期经营绩效。很多公司都会通过对研发投入和创新资金做出短期调整来提高收益增长率。比如，福特公司、亨氏公司、凯洛格公司（Kellogg）、迪士尼公司、苹果公司以及众多其他企业曾经都认为，短期缩减创新投入并不会对长期的收入增长产生实质性影响，但是，这种假设颇站不住脚。

由业务部门控制创新活动是更好的安排。在我们的案例研究中，出于种种原因，一些公司全面分散了研发活动和产品创新活动，它们认为，研发活动应该与业务部门的工作重点直接紧密地联系起来，这样才能持续获得更高的回报。然而3M公司的例子却证明，过度依赖业务部门，由它们控制公司的创新，的确可以更持久地获得创新回报，但这样做的代价却是，为公司整体来开发大量新的增长平台的想法会逐渐变得难以实施。

颠覆性新业务可以在现有业务部门中孵化发展。当新的潜在产品有可能会替代目前的核心产品时，公司总会忍不住想将它们放置在同一个业务部门。公司认为，承担风险的业务部门能够很好地消化掉新旧产品之间的这种自相蚕食过程，并平稳过渡到新的核心产品。但柯达、IBM、西门子等众多技术驱动型创新企业的经历告诉我们，为了支持现有技术，既有的业务部门会找到许多原则性的理由来拖慢颠覆性新产品的发展速度。

创新管理失败小结

研究分析发现,创新管理失败是导致增长出现停滞的第二大因素,占所有停滞原因的13%。创新管理失败指的是负责改进现有产品和开发新产品的公司内部业务流程,在管理上出现了长期的问题。导致创新管理失败的活动复杂多样,可以归纳为6种根源因素:研发投入缩减/不稳定,研发过于分散,产品开发速度缓慢,未能设定新标准,与公司核心技术相冲突,创新过度。其中最常见的根源性挑战有两种,一是研发投入的性质(以及由此涉及的研发资源及研发重心在渐进式创新和突破性创新之间的分配);二是当某项创新与现有技术及商业模式之间存在冲突时,公司如何应对这种冲突所固有的自相蚕食挑战。

高管层自测题

1. 当我们在企业层面为研发和其他创新资源做预算时,其流程是否独立于业务部门层面的(主要是渐进式)创新资金规划?

2. 我们是否充分了解业务部门层面的资金决策,以跟踪检查并均衡分配渐进式创新的资金投入和突破性创新的资金投入?

3. 我们是否将创新资金按比例分配给了低成本产品和服务的创新活动,以及为高价产品和服务增强溢价的创新活动?

4. 我们的市场研究部门和研发部门之间是否保持了良好的实时沟通和协作?

5. 我们的管理团队是否定期地直接了解消费者及产品的最新动向与发展趋势?

测试结果解析

上述问题分为两类,一类是有关资金水平和流向的问题(问题1、2、3),

另一类是有关内部沟通和协调的问题（问题4，5）。在有关资金的问题中，对问题1的否定回答最令人担忧。因为经验告诉我们，在这种情况下，几乎没有企业能够坚定地执行自己安排重大创新资金的进程。在第二类问题中，问题4探讨的是一个表面上看起来有困难的挑战。企业如果检查的话通常就会发现，研发活动与市场调研活动之间缺乏正式或非正式的联系。最后一点是，管理层对消费者和产品趋势的直观体验，能够帮助他们更快地对定价、价值转移和创新进行商议。

第八章
过早舍弃核心业务

在战略因素这个大类下三个主要类别的停滞因素中，最后一类是过早舍弃核心业务，也就是说没有充分利用现有核心业务中的增长机会。典型的表现就是，公司在相对远离现有客户、产品和渠道的领域内实施并购或发展计划，从而忽视了公司核心业务中的增长问题。

在我们的研究中，这是第三大类别的停滞因素。近期商业文献对这类停滞因素关注得也最多。也许正因如此，我们看到因过早放弃核心业务而遭遇收入增长停滞的案例在1990年之前的几年集中出现，而在过去16年里，我们记录到的这类案例则相对较少。我们认为，公司之所以能够回归对核心业务的重视，管理咨询业功不可没（尤其是某些商业书籍，贡献了很大力量）。众多战略咨询公司都就如何充分利用核心业务中的增长机遇提出了宝贵而深刻的观点，尤其值得称道的是贝恩公司（Bain and Company）的克里斯·祖克（Chris Zook），他一直强调，企业应该把重心放在核心业务上。我们对各种成熟业务的增长复苏情况所做的分析也表明，大多数增长重启都发生在现有业务中，而不是在那些远离核心业务的新增长平台。

这并不是说达到《财富》100强规模的那些企业已经掌握推动核心业务持续增

长的窍门。恰恰相反的是，各种私募股权并购现象都显示，很多上市公司在推动现有成熟业务继续增长这个问题上也依然是饱受困扰。私募股权在并购时几乎毫无例外地采用了上市公司管理团队原先无法或不愿遵循的基本战略方案，来壮大核心业务。在20世纪60—80年代，众多大型上市公司纷纷采取豪放的多元化战略，但由于资本市场上的私募股权并购者偏好清晰，各大公司后来就不再推行这种战略。

企业联合理论实际上也是为了寻求增长捷径

乍一看，人们可能会禁不住想，无论结果是糟糕抑或无关痛痒，大部分的多元化热潮都是企业抱着通过业务整合来平衡商业周期或利润波动的愿望，在经典的企业联合理论推动下发生的。大量的停滞案例研究也证实，这种想法在一定程度上是有道理的。但有一点也同样重要，那就是最终导致核心业务收入陷入停滞的那些多元化计划，大部分都不仅仅是为了通过业务整合来平稳公司的业绩，同时也是一种随机狩猎活动，目的是寻找比现有核心业务更容易获得增长的业务。

但这些行动通常是单个公司管理团队的冒险行为，并非整个行业的动向（见表8.1）。表中所列的公司分布于不同行业，这就表明这种错误的多元化行为有可能会发生在各种行业和不同地域。比如，像吉列这么宏大的一家成长型公司，也早在20世纪60年代就已经开始怀疑其剃须工具这一王牌业务的价值所在。1962年，吉列公司为了改变剃须工具业务增长减缓的现状，并应对长期竞争对手威尔金森刀具公司（Wilkinson Sword）所取得的新进展，新任董事长凡·齐格勒（Vin Ziegler）宣布了一项名为"播种增长的种子"的多元化计划。这些种子的播撒覆盖范围相当广泛，公司收购了超过15家企业，囊括计算器、手表、盆栽土和皮革制品等各种业务。在随后长达几十年的时间里，吉列公司管理团队先后与收购大师罗纳德·佩雷尔曼（Ronald Perelman）和科尼斯顿投资集团（Coniston Partners）就公司控制权展开了激烈的争夺。

美洲银行（Bank America）首席执行官汤姆·克劳森（Tom Clausen）在20

表8.1 因过早舍弃核心业务而导致增长出现停滞的典型案例

公司名称	公司原有定位	新业务	案例概要
美国吉列公司	剃须工具，包括刀片和剃须刀	超过15种新业务，其中包括计算器、手表、盆栽土、皮革制品等	• 20世纪60年代初期，公司在剃须工具市场的增长变得缓慢，而竞争对手威尔金森公司却不断取得新的进展 • 在新任董事长凡·齐格勒的主张下，公司开展了一项大规模的多元化运动来"播种增长的种子"；公司实现了收入增长目标，但利润率和市值却暴跌 • 20世纪80年代中期，收购大师罗纳德·佩雷尔曼和科尼斯顿投资集团先后争夺吉列公司的控制权，声称公司疏忽了自己的核心业务
美洲银行	零售银行业务	国际商业贷款	• 20世纪70年代初期到中期，首席执行官汤姆·克劳森将公司的全部资源和最优秀的人才都安排给了国际贷款业务；随着竞争对手实现现代化并逐步改进，公司在加州的零售业务变得落后 • 波士顿咨询集团于20世纪80年代初期做了一项分析，结果发现克劳森本应该扩张其零售业务，而不是缩减，因为这是公司最赚钱的一项业务 • 一位高管称在长达10年的时间里"我们银行只是在随波逐流"
瑞典沃尔沃集团	小汽车	石油勘探，食品，生物技术，休闲产品	• 20世纪70年代后期，沃尔沃集团的高管对汽车行业维持增长的潜力失去了信心，于是开始大肆购买各种业务，覆盖面非常广泛 • 公司将资源和注意力从汽车业务上转移开，这随之影响到了公司的业绩 • 20世纪90年代中期，公司新任首席执行官认为"需要潜心关注汽车业务"，于是将所有非汽车业务都剥离

世纪70年代中期所做的战略选择也值得特别回顾一下。当时，克劳森选择将资源和注意力从扩张零售银行业务（该类业务即将进入长达30年的高增长期）转向支持与之截然不同的国际贷款业务，以获得短暂的收入增长和利润。随着竞争对手实现现代化并逐步改进，该银行在加州的核心零售银行业务开始落后于竞争对手。1981年，它触及了增长失速点，然后整个80年代都处于溃退态势。直到20年后，美洲银行才重新恢复在美国零售银行业中的地位。

最后来看看沃尔沃公司的情况。20世纪70年代后期，沃尔沃公司的管理团队认为全球汽车制造业的行业增长率不利于公司的发展雄心，于是把积累的现金储备进行了极为多元化的投资，进入了相互之间毫不相关的各种业务，包括石油勘探、食品、生物技术和休闲产品。这种与核心业务无关的冒险收购行为，导致公司需要花费10多年的时间才能剥离不相关业务，而在这期间，公司高管对核心汽车业务的关注就逐渐削弱了。

在研究那些因过早舍弃核心业务而引起的增长停滞时，我们发现这类根本原因有5种表现形式：财务多元化；误以为市场已经饱和；错误地认知了运营障碍；全球增长掩盖了核心问题；为获得收益增长而放慢了对核心业务的再投资。

财务多元化

我们发现，在我们研究期的中间一段时间，即20世纪60—80年代，有不少收入增长停滞的核心原因都是由于公司专注于实施企业联合，导致忽视了自身的核心业务。波音公司在平衡商用飞机业务与国防合同业务时，反复出现一些问题，导致其收入增长早在1957年就出现了停滞，而这种问题模式注定会一再重复出现。古德里奇公司放弃了轮胎行业，以为自己进入航空航天和特种化工品领域后能获得更快增长，没想到却陷入了困境，不得不依靠漫天遍野的收购才能带动增长。美国联合技术公司（United Technologies）发现，自己所有的新增长业务中都同时存在战略问题，导致管理层的注意力在各核心部门之间移来移去，无法集中。在所有这些案例中，企业管理层的本意都是寻求所谓的高速增长，但实际上却导致管理层注意力被分散，最终使得本就增长缓慢的核心业务崩溃。从财务的角度来看，企业联合理论终归不完美。而这些历史案例也让我们吸取到了一个更为重要的教训，也就是说，这种企业联合行为没有给管理团队减轻负担，反而为他们增加了更多的新问题；没有帮助他们解决在核心业务中所熟知的问题，反而让需要应对的战略挑战变得更为复杂。

有一类导致公司过早放弃核心业务的根本原因最引人注目，其中的一个就是高管层认为公司的核心业务市场已经成熟，不再能支持企业的增长率目标。简单来说，就是管理团队将所在行业的整体增长率（当公司占有较高的市场份额时）与公司自己可能的增长率极限混为一谈。正因如此，当全球汽车行业的年增长率在20世纪70年代后期普遍低至2%时，沃尔沃的管理层将这个低增长率作为到处寻找更有利增长环境的理由，开始狂热的多元化投资。

过去半个世纪以来，这种常见的分析错误在众多公司商议战略规划撤退的会议室中反复出现。当然，各种管理咨询机构和学术咨询团体都已经指出了一个显而易见的事实，即不管行业的整体增长率如何，行业内各公司的增长率依然是千差万别。这也就是说，大多数人至少还是能理解管理团队的"增长率红眼病"，理解他们是厌倦了自己熟悉的增长率，所以将目光投向增长率更高的新行业领域。

误以为市场已经饱和

直接的分析性错误，是比"增长率红眼病"更引人注目的一个原因，它同样会导致企业过早舍弃核心业务。在我们的研究中，有一些案例公司的市场份额巨大，行业竞争力也很强，但是这些企业的管理团队却深陷入自己涨不动的业绩数据和没有波澜的业内竞争动向之中，得出结论说，自己公司所在的行业已经饱和，任何创新或新商机都不可能再给公司带来新的增长。在大量案例公司中，管理团队做出这种战略判断的时间往往是在行业即将爆发数十年真正增长革命的前夕。

有两个发生在电子消费品行业的案例尤为典型。这两家公司都选择将注意力从自己的核心市场业务转移到了自认为可能会增长更快的其他行业。而就在它们做出这个决策之后不久,电子消费品行业就开始长达20年的超高速增长。例如在20世纪60年代中期,飞利浦电子公司(Philips Electronics)错误地决定将产品线从电子消费品转向工业和军用产品。当时一篇商业报道的评论比较睿智:"这个决定并非为了支持声誉更好或价格更高的产品来削弱当前的确定业务,相反地,之所以有这种做法,是公司在展望未来时,认为消费品市场的增长存在局限。"由于产品研发工作的重心发生转变,飞利浦公司的收入增长开始长达20年的下滑,最终于1978年发生停滞。

错误地判断消费电子产品市场已经饱和、前景堪忧的,并非只有飞利浦这一家公司。美国无线电公司的董事长罗伯特·萨尔诺夫(Robert Sarnoff)是传奇人物大卫·萨尔诺夫(David Sarnoff)将军的儿子,并且是一名资深的业内人士,他领导公司已有40多年,也做出了同样的判断。20世纪60年代后期,萨尔诺夫在《财富》杂志的一篇文章中发表观点说:"电子消费产品获得重大突破的时代,也就是(萨尔诺夫将军)创建美国无线电公司的时代,已经一去不复返了。我们公司位于新泽西州的普林斯顿实验室负责人,著名物理学家詹姆斯·希利尔(James Hillier)也说:'能在可预见的将来应用于消费品领域的技术已经被物理学家探查得差不多了。'"

所以,我们很难去责怪萨尔诺夫,因为当时连物理学家都在提倡向其他领域拓展,他当然也就不能免俗了。从20世纪60年代中期开始,萨尔诺夫陆续进入了被寄予更高增长厚望的3个新领域。第一笔大的投资押注,是大型计算机领域,它看起来似乎可以与自20世纪20年代以来一直推动美国无线电公司增长的那些重大的技术投资押注归为同一类。同时,萨尔诺夫断定,市场营销在未来会变得至关重要,于是就部署了大量资源去收购消费品领域的公司。除此之外,还将内部资源从电子消费品的研究项目转向营销和品牌管理项目。而在美国无线电公司采取这些行动之时，史蒂夫·乔布斯（Steve Jobs）和比尔·盖茨（Bill Gates）刚刚完成高中学业，即将开办公司，展开自己的职业生涯，准备在飞利浦公司和美国无线电公司原有的核心市场上掀起一场革命。

错误地认知了运营障碍

公司管理团队除了会对核心市场的增长前景判断错误，还有一个举动也值得关注，那就是当他们在核心业务中遇到表面上看似棘手的问题时，会倾向于直接放弃。也就是说，由于某个顽固的问题多年来毫无进展或进展极为缓慢，管理团队感到灰心丧气，于是决定放弃努力，转而进入一个全新的、想必更容易的、更具有竞争力的领域。

在因经营挑战而过早放弃核心业务所导致的增长停滞中，凯马特公司在20世纪70年代末80年代初的案例最引人注目。对百货零售巨头西尔斯公司而言，凯马特公司当然是一个非常成功的挑战者了。在它于20世纪60年代成立之初，就直接向西尔斯公司发起了正面挑战，接着在整个70年代，都在不断蚕食西尔斯的市场份额，正如我们在之前的章节中所提到的，这迫使西尔斯公司在各种令人困惑的高端和低端市场战略举措中来回折腾。

1976年，凯马特公司的新增门店数量达到了巅峰，在全美销售网络中总共增加了271家新店。后来的事实证明，这一数字是其扩张的极限。由于确信美国市场已经饱和，于是在接下来的10年，凯马特放慢了核心零售业务的扩张速度。公司董事长罗伯特·杜瓦（Robert Dewar）设立了一个特别战略小组，专门负责研究新的增长路径，以及用当时的话来说的那些超前想法。他同时还为公司制定了新的业绩目标，要求到1990年时，新创业务的销售收入达到公司总销售额的25%。

但在这些活动中最令人不安的，并非管理团队为了寻求增长而扩大业务范围（在事后看来，凯马特这种做法的确是误入歧途，因为沃尔玛公司当时也正在马不停蹄地积蓄力量），而是当总部位于阿肯色州本顿维尔市的竞争对手沃尔玛开展先人一步的分销和库存管理活动时，凯马特的管理团队并未能有效地监管并匹配自身的核心业务运营能力。

20世纪80年代初，沃尔玛公司在构建它的首个自动再订购卫星通信服务系统，而凯马特公司则为了花掉自己的留存收益，在收购得克萨斯弗尔餐馆（Furr's Cafeterias of Texas）、毕绍普自助餐（Bishop's Buffet），以及兼营录像带出租的披萨店等各种类型的餐饮公司。在整个80年代，沃尔玛公司在不断地投资发展越库配送系统，而凯马特则开展了一系列迥然不同的业务，其中包括廉价药品连锁店（Payless Drug Stores）、体育用品专营店（the Sports Authority）、办公用品零售店（Office Max）等。到80年代末，凯马特的物流运营能力比沃尔玛公司至少落后了10年，这使得沃尔玛轻而易举地获得了超过销售额1%的采购物流成本优势。随着凯马特与沃尔玛公司之间的差距日益拉大，它先前自认为对核心业务之外增长平台的需求，现在真的变成实际的需要。

全球增长掩盖了核心问题

在过早舍弃核心业务这个类别中，有几家案例企业的增长停滞是由一个有意思的小概率因素所导致。当时，这些企业在本土市场上的核心业务正在陷入严重困境，但在国际市场上的增长依然强劲，尽管这种增长是暂时的、有限的。比如，1989年收入增长遭遇停滞的美国数字设备公司（Digital Equipment, DEC），以及1991年出现停滞点的康柏公司。在20世纪80年代后期，尽管美国数字设备公司当时的国际销售额爆增，并最终占到了公司总销售额增长的75%，但曾经高达两位数的国内销售增长率却出现了直线下滑。于是管理层的关注重点自然而然地转向了热门的增长机会，而不是去解决美国国内核心市场上的竞争问题。康柏公司也一样，海外销售额的惊人增长掩盖了国内核心市场销售额的急剧下滑。很难说管理层集中注意力去充分挖掘利用国际机会的这种做法是对还是不对。但与此同时，管理层也必然就会受到教训，不应当为了这些国际机会而难以专心解决核心市场上的问题。当然，沃尔玛公司目前也是一个颇值得密切关注的有趣案例，它的管理团队正在一心二用，既要关注国际增长市场，又要解决国内市场持续增长的难题。

为获得收益增长而放慢了对核心业务的再投资

有一些停滞案例是由于管理团队为推动收益增长，而放慢了对核心业务的再投资。这样做通常是为了拖延时间，以便解决核心业务中的问题，从而阻止有异议的股东和不满的分析师发表负面意见。但若是研发支出、资本性支出和广告支出等方面的必要再投资跟不上的话，就会导致收入增长率和收益增长率之间的差距越来越大。

福特公司的增长在1996年陷入停滞，这是20世纪80年代一系列决策的滞后反应，管理层之所以做出这些决策是为了刺激利润率增长，因为福特的利润率当时在美国三大汽车制造商中是最低的。公司当时通过两条途径来提升毛利率：首先，将SUV探索者（Explorer）系列车型的主要设计改进推迟了将近11年；其次，虽然管理层已经正确地（有先见之明地）将中国确定为未来增长的关键市场，但依然减缓了在中国投资生产设施的步伐。这个战略成功地降低了公司的成本。20世纪90年代初那几年，公司成本平均每年都会降低10%—12%。但到了1994年，这一战略对特许权价值的影响开始显现出来：1994年，公司的市盈率仅为6倍，尽管持有140亿美元的现金，但公司的市值却只有290亿美元。

过早舍弃核心业务背后的战略假设

在前文中我们曾提到，过去10年里，各种书籍、咨询公司，以及资本市场都发出过告诫，因此，很难相信在规模达到《财富》100强的那些企业内，其管理团队都没有意识到为了支持陌生新领域的冒险行动而过早放弃核心业务，是一种危险的举动。所以说，如我们的案例所证实的那样，这些危险的战略假设应该是具有某种长期的吸引力，所以才会推动管理团队在陌生领域中寻找新的增长点。

STALL POINTS
MOST COMPANIES STOP GROWING
YOURS DOESN'T HAVE TO

我们所分析的案例跨越了长达50年的时间，在这些案例中有3类危险的战略假设反复出现。

行业增长率会限制企业的增长率。极少有管理团队会明确表示，行业增长率就是自己公司增长速度的极限，但这种想法却一直潜藏在他们的集体思维中，时不时就会冒出来。特别是寡头垄断企业，它们已经拥有了超高的市场份额，这种想法对于它们的管理团队而言，约束力尤为强大。

但是有关这方面的文献却让人感到困惑。众多咨询研究都强调，即使某个行业整体都在适度增长，其中每个企业的增长率也会千差万别。但与此同时，有力的论据却显示，保持高增长率的大型公司多数都位于同样高速增长的行业，比如，医疗保健行业和高科技行业。

麦肯锡公司的研究分析表明，如果大型公司要想多年来都保持超过10%的增长率，那么其所在行业的增长率就必须远高于整体经济的增长率。用它的比喻来说，就是要搭乘着"贸易的东风"。

另外，更进一步的研究分析表明，公司可以在整体萧条的市场中，一心专攻快速增长的细分市场，从而维持较高的增长率，而这也是私募股权所采用的战略。我们对增长战略的案例研究也显示，美国铝业公司之类的行业内龙头企业通过对自己所在市场进行分解，找到了可以付诸努力的多个高速增长机会。美铝通过对所在市场进行重重细分，分析发现自己在过半细分市场内的市场份额都不到10%，于是它对营销和销售战略做出了大幅调整，从而在核心市场中重新获得高速增长。

运营和商业模式导致无法对核心业务进行再投资改造。导致过早放弃核心业务的另一种常见原因是，企业发现其核心业务现在要求提高运营技能，甚至要求构建全新的商业模式，而这些都需要进一步提高管理团队当前的各方面能力才能达到，这就让管理团队感到非常气馁。在这种情况下，管理团队可能忍不住就会采取一种防御的姿态，放弃核心业务，转而去探寻可以进一步利用当前能力的那些新市场。

但这种探寻极有可能会带来令人失望的结果。管理团队意识到，现有能力远不如想象中那么好替换，更好的行动方针是不管会经受多少痛苦和困难，都应该对商业模式进行切实的调整，在核心市场上挺身战斗（实际在这一点上，私人股权还是比较有裨益的，他们一般在接手企业后都会大刀阔斧地换掉现有管理层，重新雇用拥有新技能的人才，来应对核心业务中的新挑战）。惠普公司就是这种"战斗到底"的一个范例，它为了推动个人电脑业务获得进一步好转，学习借鉴了长期竞争对手商业模式中的元素，比如，戴尔公司的订单执行流程、苹果公司对外观设计的优先考虑。所以，这种做法的寓意就是改变商业模式，而不是替换核心业务。

"现金牛"业务不需要较高的再投资率。 最后一个容易陷入其中的战略诱惑，是认为成熟业务的再投资率应当保持平稳甚至下滑，以便收获充足的现金流来资助新的增长机会（或提高收益率）。但这种貌似具有说服力的观点，只是关于投资组合管理的一种理论认识。

遗憾的是我们在各个时期的停滞案例中看到，成熟的业务实际上并不稳定，若是缺乏大量且持续的再投资，它们基本都难以坚持较长的时间（所以，如果现代经理人依照波士顿增长矩阵中"现金牛"单元的提示，减少对核心业务进行投资，将会得不偿失）。利润丰厚的成熟业务往往会吸引竞争，如果中断研发投入、减少资本性支出、减少广告费用，将获取的现金挪为他用的话，就很危险，历史上曾经发生过案例，在极短的时间内，引发收入增长陷入了持续多年的下滑。

过早舍弃核心业务小结

导致收入增长长期停滞的第三大常见战略因素，是过早舍弃核心业务，指的是未能充分利用当前核心业务中的增长机会。这个因素在所有停滞因素的占比为10%。具体有5种表现形式，分别为：财务多元化；误以为市场已经饱和；错误地认知了运营障碍；全球增长掩盖了核心问题；为获得收益增长而放慢了对核心业务的再投资。尽管大量学术研究和咨询建议都提出了令人信服的证据，但管理团队依然忍不住想完全逃避核心业务中的挑战，转而支持其他看起来更容易的业务机会。而数十年的历史经验给我们的忠告却是：新的业务乍一看好像回报丰厚，但实际上通常是（甚至总是）"核心业务的回报更丰厚"。

高管层自测题

1. 我们的核心业务是否同时拥有重要的收入增长目标和收益增长目标？

2. 我们在描述产品线、业务部门或事业部时，是否会避免使用"成熟"一词？

3. 我们对核心业务的再投资率（研发支出、资本性支出、广告支出这三项的总和在收入中的占比）是否保持历史水平？

4. 我们有没有定期地重新界定并向外拓展核心业务市场的边界，以便让我们在巨大的潜在市场机会中所占的份额不再那么大，从而进一步拓展核心业务？

5. 我们有没有在当前的核心业务中积极地探索新的商业模式？

测试结果解析

以上任何一个问题的否定回答，都应该引起公司的高度关注。问题1和问题2探讨的是管理层对核心业务的态度和期望，对管理层确定那些需要重新审查的业务领域而言，特别重要。问题4介绍的是一种极为强有力的原理，可以让核心业务不断焕发活力，它是通过对核心市场边界重新进行界定，扩大核心市场的范围，从而为公司的核心业务创造出更大的"运作空间"。

第九章
其他战略因素

本章我们来集中审查停滞因素树形图中的剩余5类战略因素（见图4.1）。在所有停滞因素中，这5类战略因素总共占24%，虽然远低于第六章至第八章所回顾的3类战略停滞因素所占比例（占比共计46%），但仍然值得加以分析。这些因素中有些是我们熟悉的（比如为了履行诺言而进行的并购活动最后没有成功），有些是让人害怕的（比如指望某一关键客户为自己提供持续增长的全部动力），还有一些是出人意料的（比如只是决定让增长的脚步"暂停"一下，没想到却引致长期的不良后果）。

这5个类别分别是：并购失败；依赖关键客户；战略过于分散/聚集；邻接业务拓展失败；主动减缓增长速度。

并购失败

首先是并购失败这个类别，它在所有停滞因素中的占比为7%。乍一看，这貌似是一类显而易见的停滞因素，因为在商业新闻中，围绕大型企业并购失败而进行的报道屡见不鲜，比如，美国在线与时代华纳（Time Warner）之间的并购案；

STALL POINTS
MOST COMPANIES STOP GROWING
YOURS DOESN'T HAVE TO

而且在商业刊物中,围绕在并购整合过程中所遭遇持续性困难而展开的报道,也比比皆是。但我们对长达半个世纪内收入增长停滞情况所做的分析却显示,单纯的并购活动和整合问题基本上都只会导致收入增长出现短暂的停顿。如果大型公司长期的增长轨迹确实因为并购而受到了影响,那么缘由基本上不会是在并购整合过程中所遭遇的各种运营挑战,而是各种并购模式所依据的错误经济模型。

在这一类的并购失败案例中,有相当一部分(即使不是大多数)都是由第三方责任人所导致。更直接一点来说,就是银行家给并购活动构想了一出"故事",并兜售给一方或双方的管理层,但这个"故事"却并没能捕获到并购双方各自业务中基本的现实情况。美国汽车王国公司和美国第一银行这两家公司所发生的增长停滞,就是这样的经典实例。

美国汽车王国公司的收入增长在1999年陷入了停滞,公司针对汽车经销企业所进行的一系列收购活动因此而中断。这些收购是在公司创始人,同时也是废物管理公司(Waste Management)及百视达公司(Blockbuster)创始人的韦恩·胡伊赞加(Wayne Huizenga)带领下开展的。胡伊赞加先前每家企业的整合逻辑都是通过收购扩大规模,从而让合并后的公司成为行业内成本最低的服务供应商,但这个逻辑到美国汽车王国公司这儿却不奏效了。汽车王国公司通过运作自己在共和工业公司(Republic Industries)的控股权,仅1996年一年内,就收购了108家汽车经销商,于是在完全由并购驱动的收入增长现象和二手车超级大卖场支撑论调的共同托举之下,公司股价保持了坚挺。但不幸的是,公司的二手车超级大卖场被高昂的库存成本及增值服务间接费用困住,致使它们难以推出最低价格与对手进行简单直接的竞争。虽说与对手经销商和汽车厂商之间的官司也对公司增长陷入停滞起了一定的推动作用,但导致停滞的根本问题还是公司二手车超级大卖场所采用的成本模式存在缺陷。

美国第一银行的情况也与此类似。华尔街从一开始就在讲,通过并购能进一步降低成本并提高收入,于是在这个说法支撑下,公司进行了一系列的整合收购,公司股价也随之上涨。美国第一银行在收购时所采用的方法比较独特,两任首席执行官约翰·麦科伊(John McCoy)(父子二人)先后都提出了所谓的"非比寻常的合作伙伴关系",向潜在的收购对象承诺会保留并延续当地分支的自主经营权,只需要各分支的内部办公系统与公司总部保持一致就可以,用它当时的话来说就是文件集中管理,而经营权力则下放给当地员工。在20世纪80年代末90年代初的火爆市场中,美国第一银行的这个承诺相当扣人心弦,这就让它得以一口气吞掉了100多家区域性银行。对于美国第一银行出现停滞的原因,当时的普遍看法是认为它冲进衍生金融领域的这一突然行为削弱了华尔街对麦科伊领导能力的信心。但现在从历史的角度来看,更有说服力的缘由是美国第一银行未能在并购中实现成本效益,而它当时的竞争对手却在这方面取得了显著成效,比如,休·麦考尔(Hugh McColl)领导下的美国众国银行(Nations Bank)。美国第一银行这些"未实现的合作伙伴关系"所具有的潜在经济效用在当时并没有发挥作用。

当然,也有的公司仅仅因为一次并购行为,就导致收入增长前景变得暗淡,在很多年之内都一蹶不振(比如1998年,就在有关石棉损害的诉讼多到即将催生一个全新的合法行业之际,希悦尔公司极为不幸地收购了格雷斯公司的包装业务)。但实际上,单一的并购行为通常并不会引发收入增长发生实质性的、持久的停滞。反倒是华尔街那些与现实脱节的所谓"整合"理论,更应该受到指责。

依赖关键客户

这类战略因素占停滞原因的6%,总体来说比重较低,但这种做法可能会产生的影响以及对它所采取的补救措施却很有意思。在制造商和分销商之间的权力平衡发生转变的历史过程中,这类因素所导致的停滞尤其突出,而这种权力平衡的转变在部分程度上是由于沃尔玛公司的崛起所导致。无须深入探究就可以发现,现在很多大型公司的增长战略在某种意义上都受到了沃尔玛公司的财富变化情况和公司发展规划影响。

STALL POINTS
MOST COMPANIES STOP GROWING
YOURS DOESN'T HAVE TO

自1990年以来，一些大型公司主动或被动地对单个大客户（或极少数大客户）形成了依赖，这种现象是影响它们增长历史的一个核心问题。随着越来越多的企业通过整合关键客户来避免自己的产品沦为廉价商品，为企业贡献收入流的客户来源变得单一，导致企业对市场冲击的战略应变能力也相应地下降。

在这个问题上，很多读者会联想到国防承包商的事例。比如在20世纪90年代中期，美国国防承包商洛克希德-马丁公司（Lockheed Martin）的增长命运因为美国政府的买方垄断力而深受影响（尽管它也曾为了让客户多元化做过各种努力）。但是，有一个现象更令人不安（而且还在不断增多），就是那些规模很大的供应商，比如，1999年发生停滞的卡车和汽车零部件制造商德纳公司（Dana），它们的规模特别庞大，却依然极度依赖于几个主要的客户。

20世纪90年代，德纳公司轻型卡车底盘和重型卡车组件的销量稳步增长。90年代中期，当市场对装配有轻型卡车底盘的SUV的需求激增时，德纳公司决定下"大赌注"搭乘这股SUV的浪潮，通过美国三大汽车制造商巨头给投放美国市场的这些高利润车型提供底盘。到90年代后期，装配有轻型卡车底盘的SUV的销量在美国市场中占到了新车销量的将近50%。

而在SUV市场飞速发展的同时，三大汽车制造商巨头也在积极采取行动，巩固自己的供应商网络，利用加速定价给对手施压，从而换取有利地位，并且在这一过程中，将产品的开发成本和零部件的制造责任转移给了"模块化"的生产合作伙伴。对此，德纳公司做出了积极响应，收购了几十家规模较小的供应商，积极踊跃地进入了汽车大型组件的设计和制造领域。

但在20世纪90年代末，轻型卡车的销量突然开始下滑，此时，德纳公司才发现自己过度依赖于福特公司和通用汽车公司这些主要客户的SUV主导战略。实际上在90年代中期，德纳的管理团队就已经认识到公司至少应该保持市场地域的多样性，在欧洲市场占有一席之地，这一点特别重要，但当时，美国国内轻型和重型卡车市场上关键客户的需求却消耗掉了高管的大部分时间，让他们无暇顾及其他。

于是，当收入增长停滞来临时，公司受到了重创。仅2000年和2001年这两年，公司销售额就分别下滑了6%和17%。当初为了给主要客户提供服务，德纳大幅举债去实施收购活动，导致自己背上了沉重的债务，更雪上加霜的是，公司的重型卡车业务在此时也出现了衰退。最终在2006年，德纳公司宣布破产。

并非所有对关键客户的整合都会导致企业最终破产，但管理层确实应该加以三思，是否要为了进行整合而牺牲自身增长战略的灵活性，是否要严重依赖极少数关键客户。要避免这类突如其来的事件，保险的做法是当领导者发现自己企业的组织结构让企业脱离了终端的消费者时（比如在德纳以及其他众多制造类企业都曾经出现过这种情况），企业就应该加倍努力进行市场调研，深入了解自己"客户的客户"。消费者的呼声及其他的结构化流程能让上游企业通过观察发现并用数据来衡量终端用户偏好的变化趋势，从而让管理层看到各种市场变化所发出的预警信号。

战略过于分散

历史上，特别是在20世纪七八十年代并购与整合盛行的那段时期，曾出现过一种正好相反的常见停滞因素，我们称为战略分散，它是因为过度多元化而导致了各种问题。在这种情况下，管理团队并非苦于进行战略投资押注的方向太少，而是疲于应对太多有待（通常是同时）解决的战略问题。这类因素在所有停滞因素中的占比为6%。

一个典型的实例就是美国联合技术公司在1980年所遭遇的停滞。该公司起源于美国联合航空运输公司（United Aircraft and Transport Company），后者于1934年在政府的反垄断行动中被拆分掉。从那时起，美国联合技术公司以美国联合飞机公司（United Aircraft Company）的身份开始运转，在20世纪70年代之前，一直从事飞机和发动机制造。公司凭借杰出的研发和技术人才，成为美国当时首屈一指的喷气发动机制造商。

但由于军事承包合同具有各种局限性，于是在1971年，公司有史以来第一次选任了一位外行担任公司领导，来自利顿工业公司（Litton Industries）的哈里·格雷（Harry Gray），并特许他为公司引入新的收入增长来源。格雷信奉的是机会主义而不是战略逻辑，因此他认为自己的使命是收购，而非公司的运营。作为公司董事长，格雷负责监督董事会审批并购提案，但这些提案的收购依据通常都空洞无力，而董事中的绝大多数人又都是不懂行的退役军官，因而在审批提案时所依靠的就只有提议人的个人信誉。同众多陷入停滞的公司一样，联合技术公司及其管理层被人吹捧得忘乎所以，身临深渊而不自知。1979年，《商业周刊》（Business Week）发表文章称，格雷董事长"已经成为其他胸怀大志的企业集团创建者的楷模，以及联合技术公司股东们心目中的英雄，从他的大肆收购行为中赚得盆满钵满的套利者对他极为宠爱，而在他办公室档案中被列为可能收购对象的一众弱势公司则视他为恶魔撒旦。在格雷的努力下，曾经病态的、近亲繁殖出的、非常容易受单一市场变化影响的联合技术公司，转变成一家生机勃勃的多元化成长型公司"。

在长达10年的时间里，联合技术公司不断收购各种毫不相关的科技公司，致使管理团队自20世纪80年代开始，各方面都面临严峻的战略挑战。这些挑战遍布于整个投资组合，公司每个分部相互之间都没有关联，每个分部所面临的挑战都截然不同：

- 奥的斯电梯公司（Otis Elevator）面临来自日本的新的低成本竞争对手；
- 西科斯基直升机公司（Sikorsky Helicopters）面临与五角大楼进行重新谈判的压力；
- 子公司普拉特惠特尼（Pratt and Whitney）为了赢得重要的飞机发动机独家供应合同，正在与通用电气公司进行殊死决斗；
- 子公司汉密尔顿标准（The Hamilton Standard）正在奋力解决自身所存在的过度多元化和过度依赖美国政府这个单一客户的问题；
- 子公司莫斯泰克（Mostek）的半导体业务面临新的低成本竞争对手；

- 公司的工业部门面临汽车行业整体增速减缓的问题。

由于资金都集中在收购和偿还现有债务上，所以公司全面削减了各种业务上的研发投入，这导致旗下各公司的市场竞争地位都出现了恶化。但更为重要的一点原因是，公司现有投资组合中让人大伤脑筋的各种麻烦都汇集在了一起，为了化解这些麻烦，公司把所有精力都放在了"整合"更多业务上，以为这种做法能为公司提供解决办法，所以从未给各家公司制定连贯的战略。美国联合技术公司的战略撤退事务（如果当时在位的管理层的确有胃口或时间来做这些事的话）肯定会极为错综复杂。1986年，格雷董事长从公司离职，此后的10年间，为了设法重新回归战略重点，公司总共裁减了33000名员工，并砍掉了众多业务。

邻接业务拓展失败

有趣的是，有一小部分（4%）增长停滞是由通常被认为相对保守的增长战略所导致，即利用所谓的邻接业务机会。在过去10年间，有关企业增长问题的文献都在建议，各公司要利用那些与核心业务相近的业务机会，它们只需要对核心业务模式进行相对较小的改动，在此过程中，要注意识别这些邻接业务的模式。

这个建议大体上来说是合理的，但我们也的确在部分案例中看到，公司在向邻接业务拓展的过程中遭遇到很严重的问题，严重扰乱了公司的增长轨迹，导致收入增长出现多年的停滞。在我们所研究的样本企业中，这种对成功套路延展过度的最生动实例就是吉列公司，它在1996年对金霸王公司（Duracell）进行了收购。自从金·吉列（King Gillette）于1895年发明了一次性剃须刀刀片以来，吉列公司不断收购各种个人消费品公司［比如，1948年收购了托尼家用烫发剂公司（Toni Home Permanents）；1955年收购了比百美文具公司（Paper Mate pens）；20世纪60年代到70年代，依次收购了莱戈德止汗膏公司（Right Guard）、蟋蟀打火机公司（Cricket）、百乐金笔公司（Eraser Mate）；1979年收购了博朗公司（Braun）；1984年收购了欧乐B公司（Oral-B）］，并且为这些品牌投入研发资源，将它们提升至所在商品类别中的优势地位,在这种做法的推动下,公司一直保持蓬勃发展。当然,吉列公司自己的核心市场是这种成功套路的模板,在核心市场上,它定期地对剃须刀产品加以改良,来扩大市场份额并维持产品定价,从而获得发展。

在首席执行官阿尔·蔡恩(Al Zeien)的带领下,公司在20世纪90年代初的规模已经相当庞大,它发现此时还想要保持两位数的增长率,就需要在个人洗护用品和书写用品之外拓展一个新的平台。于是公司在1996年收购了金霸王公司,力图将剃须业务中久经考验的商业模式(对客户可以感知到的技术或工艺优势进行重点营销)应用到小家电电池业务中。它同时也认为,新的电池业务与现有的产品线有可能在分销过程中产生巨大的协同效应。于是在接下来的5年间,吉列公司加大投资,用于增强金霸王电池的性能,之后加价20%,向市场推出了金霸王超能电池(Duracell Ultra)这个品牌,宣称电池寿命能延长50%。然而公司却发现,这种提升性能并加价的套路根本不适用于此类产品,原因是消费者认为电池使用寿命的延长程度并不值得加那么多的价格溢价。劲量电池公司(Energizer)瞅准这个时机进行了反向广告宣传,大力推介自己价格低廉、性能较差的电池产品(还记得广告中那只不停运动的劲量兔吗?),这也就削弱了金霸王利用性能优势来获取溢价的能力。在评论吉列公司在金霸王身上所下的投资押注的规模时,吉列公司时任总裁爱德华·德格兰(Edward F. DeGraan)说:"我们无法放任金霸王成为一项业绩不佳的收购业务,然后在将来的某个时候把它埋掉。我们没有足够大的坑可以埋。"由此可见,在向邻接业务拓展时,模式的识别和原有商业模式的延伸会给人一种虚假的安全感。如果对邻接业务增长所做的投资押注足够大的话,这个因素可能就会导致公司增长出现多年的停滞。

主动减缓增长速度

在这轮审查临近结束时,我们在极小的一部分(2%)案例中发现了一个停滞因素,我们称为"主动减缓增长速度",它指的是管理团队为了提高收益增长率,以及为了达到经济增加值（EVA）或市场增加值（MVA）等相关指标要求，有意决定让收入增长暂停。这类停滞因素总是与其他因素一同出现。管理团队往往是为了应对短期绩效压力，需要立即提高利润率，所以就选择了让增长暂停。

我们在分析中遇到的最冒险的战略是，管理层故意发出信号称，收入增长在未来的一段时间内将不再是公司的关注重点。某公司的某位首席执行官曾对华尔街宣布："我认为我们90年代的销售增长速度不会达到80年代那么高，但我们净利润的增长速度可能会比以往更快。我们的目标是充分利用我们这个企业帝国长时间积累出来的各种优势。"讲这番话时，该公司正处于增长停滞的第四个年头，而这家公司直到现在都还没有恢复增长。

这种说法非常坦诚，而且也毫无恶意，但让我们感到震惊的是，它所产生的后果却极为严重、极为持久。我们这个匿名的案例企业（也是其所在行业的龙头企业），公平地来讲，决定将效率和生产力排在收入增长之前的做法，从当时的情况来看无疑是最明智的。但随着"脚从油门踏板松开"，动力也随之失去了，增长势头从而一去不复返，这就让我们不由得开始思考：收入增长的开启和关闭为什么这么难把控？历史记录明确显示，公司在遭遇停滞之后，即使能成功地重新恢复增长，也将会是一个漫长而痛苦的过程，在这期间，公司的文化和管理团队都会经历多次的更迭和变换。这其中的部分原因在于，各种财务比率的相对可控性存在明显的差别，因为凭借着经验和技巧可以采用的方式多达几十种，每种方式都既合乎道德标准，又能满足投资资本回报率（ROIC）、资产回报率（ROA）、毛利率等指标要求。但是话说回来，这些指标最终又都是可控的，都处于公司内部管理决策的直接覆盖范围之内。而另一方面的原因在于，收入增长也取决于创新和创业精神这些更难以捉摸的领域。当公司的管理团队和公司文化选择对增长速度加以控制时，公司的创新和创业精神就会迅速消失。

其他战略因素小结

战略因素在所有停滞因素中的占比为70%，其中的最后5类战略因素是：并购失败（通常是由于并购模式所依据的经济模型存在缺陷）；依赖关键客户（尤其是对关键客户的战略假设不加以测试就进行依赖）；战略过于分散（导致管理团队疲于应对太多种彼此之间毫无关联的战略挑战）；邻接业务拓展失败（缘由是错误地应用了现有的熟悉业务模式）；主动减缓增长速度（结果却极难再重新恢复增长）。

高管层自测题
并购失败

1. 我们公司的收购战略（如果使用此战略的话）是否遵循的是当前所在市场中的某种"套路"（比如，整合交易或互补交易），而非与当前业务毫无关联的一种大额投资押注？

2. 在与投资银行及咨询顾问打交道时，我们是否为"战略制定者"？（也就是说，我们是否按照潜在收购背后我们自己的逻辑与这些机构接触？）

依赖关键客户

3. 是否所有客户在我们公司业务量中所占的比重都没有超过20%？

4. 我们是否清楚了解关键客户在制定增长战略时所依据的关键假设，并持续监测这些假设的可行性？

战略过于分散/聚集

5. 我们是否清楚（确信）公司总部在我们运营的这个业务组合中所发挥的积极作用？

6. 我们是否根据各业务部门所面临的挑战来有效地招募、培养和留任具有相应经验和技能的高管？

邻接业务拓展失败

7. 我们是否能够清晰阐述邻接业务拓展战略所遵循的逻辑,从而据此控制我们在每次扩张行动中所承担的风险?

8. 当我们向邻接业务所在的领域拓展时,是否了解新业务商业模式与原有业务商业模式之间的差异,以及在新领域制胜所需的管理能力,并为之做了充分的计划?

主动减缓增长速度

9. 我们是否必须牺牲50%以上的年增长率来削减成本或提升生产率,才能实现收益增长计划?

10. 我们是否将用于业务再投资的资金隔离出来,以避免它们被挪用去实现短期盈余管理目标?

测试结果解析

这些问题探讨的是导致各种消费品企业和工业企业出现停滞的各种风险迹象,因此虽说没有哪个问题要紧到会牵一发而动全身,但它们都相当重要。如果以上某类停滞因素下的两个问题都回答"否",就凸显出公司必须得对这类因素进行高度关注。倘若对问题1、3、6、8和10的回答为"否",就也值得公司对自身的整体战略进行检查,因为这些问题直接关系到整体战略所固有的风险的程度高低,以及企业对这种风险进行持续管理的能力大小。

第十章
人才储备不足

现在我们继续横向穿越停滞根源树形图,从战略因素这个大类,移动到组织设计因素这个大类,来查看其中占比最大的一类收入停滞因素类别——人才储备不足(见图4.1)。它指的是公司缺乏具有战略执行技能和能力的领导者及员工。此类停滞因素在所有停滞因素中占到9%。

人才储备不足这类因素值得仔细界定,因为在很多行业和职能领域,人才短缺在某种程度上已是一个司空见惯的事实。实际上在我们撰写本书时,高技能关键人才的紧缺现象已然成为全球范围内各种人力资源部门所关注的首要问题。不仅高增长市场缺乏这类人才,各类专业技能领域也都紧缺,而且预计这种情况会变得更糟。但是,导致公司增长出现停滞的原因不仅仅是招不到合格员工这类情况所造成的人才短缺,更为重要的一点是,公司已有的重要员工尤其是管理人员缺乏必要的技能或能力。在企业自身体系遭遇某种冲击的过程中,比如,关键人才大量流失时,对这些关键人才的严重依赖程度一下子就暴露了出来,公司此时才发现自己缺乏这类关键人才;或者是当公司对不同类型的技能或经验的需求逐渐显现时,公司才发现自己缺乏具有这种必要技能或能力的人才。很多公司来不及在受到冲击之前就对此做出改变,原因在于企业内部从上到下,都对人才招聘和培养的政策及流程存在一定的偏好。本章将对此类案例进行分析,借此指明一些预警信号,提醒管理层加以注意。

在对增长停滞案例进行研究时我们发现，人才储备严重不足表现为4种具体的根本原因，分别是：内部选拔出的人才在技能上存在短板；管理人员经验的局限性；关键人才流失；依赖关键人物。

内部选拔出的人才在技能上存在短板

企业从内部选拔出的管理人员或人才在技能上存在短板，是人才储备不足这一类停滞因素中最为普遍的一个根本原因，这往往是企业自我造成的伤害，是过于严格地遵循内部提拔政策而导致的意外后果。拥有强势组织文化的公司往往最热衷于采取这类政策，因为在第一轮增长之时，或者在某一成功套路首次展现出来之时，企业往往正处于干劲十足的早期阶段，这样的政策可能就会加速其收入增长。但是，当外部环境出现各种新的挑战，或者竞争加剧时，这些政策就会成为阻挡企业向前发展的拦路虎。

我们曾在第七章介绍过，3M公司研发机构设置的问题给公司增长造成了各种挑战。而除此之外，3M公司从内部选拔出的人才在技能上存在短板，则对它进入消费品市场造成了延误。3M公司在消费品领域表现不佳，一方面是因为它缺乏经验，不懂在推介大众消费品时需要支付高昂的成本（"公司千足虫"战略认为高昂的推介成本是一种可恶的想法）；另一方面则是因为它不愿意打破陈规，在公司自有的人才队伍之外，引进经验丰富的消费品规划经理。1980年，《财富》杂志曾刊发了一篇文章，就3M公司在消费品市场上所面临的日益显著的挑战进行了探讨。3M公司的一位前高管在文中告诫道："善用并慎用顶级外来人才，将有助于公司产生新鲜的创意。如果没有这样的人才，3M公司在消费品市场的日子将不会好过。"

然而长期以来坚定不移的内部晋升政策却阻碍了3M公司从外部招募人手。内部和外部的观察者们都发现，除了在收购其他公司时也一并接收过来的管理人员外，在3M公司里基本上看不到经验丰富的外来管理人员。人才的吸引、培养及留用曾经一直都让3M公司引以为傲。公司现在著名的允许每个技术人员用15%的上班时间"干私活"（搞个人感兴趣的工作方案）的政策，曾经与其他政策一道，让公司的员工留存率达到了97%。《财富》杂志的一篇文章也指出，这些政策让3M公司长期以来都免予遭受外部猎聘活动的影响。一位招聘人员在接受杂志采访时曾经哀叹："我就从来没有成功地从3M公司挖到过人。"

3M公司的案例也同样给我们提出了一个有意思的问题，也就是说，强大的优势是在什么时候变成劣势的？从内部提拔人才的承诺是在什么时候变成了一种责任和义务？终于，在公司增长失速并逐渐陷入停滞的过程中，3M公司的两位工程师，阿尔特·弗赖伊（Art Fry）和斯宾塞·西尔沃（Spencer Silver），众所周知地，正在利用上班期间的部分自主时间苦苦思索一种"粘不牢"胶水的潜在用途，3M根据他们的发现推出了便利贴（Post-It）这种创新产品，后来被广泛应用于各处。所以，如果3M公司对外部人才市场敞开大门的话，这项标志性的创新发明是否仍然能够使得公司收入保持强劲的增长率？要想兼顾好内部创新和外部人才，公司管理层应当遵循什么样的决策规则？

我们对这个问题的审查显示，当内部候选人的选择范围窄于外部市场的人才选择范围时，对内部提拔这种方式的偏爱几乎肯定就会阻碍企业的增长和发展。进入《财富》榜单的很多公司，早在自己的初创时期就已经制定了内部提拔政策，并且在公司进入成熟期之前，一直将它们作为延续公司文化的推动因素加以坚持。但实际上在我们所研究的《财富》100强规模的公司中，除了通过并购活动来定期扩充内部人才队伍的那些公司之外，几乎所有能保持持续增长的公司都对外部人才市场持有开放的态度。

因此，如果管理团队希望长期从内部选拔人才，就必须进行必要的投资，保持对人才"按市场行情定价"的姿态，尤其是对外部市场上数量充足的那些新兴技能领域的人才。稍后我们将在本章中审查部分企业所用的潜在投资战略。

管理人员经验的局限性

公司内部选拔出的人才在技能上存在短板这个停滞因素的一个更为严重的变异形式是，我们所称的管理人员经验的局限性，它指的是高管人员之间的经验过于相似，导致管理人员无法及时对新出现的战略问题做出反应。这种局限性最常见的表现，就是公司在主要业务、市场事务、职能设置、管理行为等各个方面，都倾向于遵循内部的老旧套路。

在我们所研究的增长停滞案例中，这种现象反复出现，尤其是在市场或客户集中度较高的那些公司内。由于管理团队缺乏商业经验，波音公司的增长在1957年出现停滞，其商用飞机及相关产品的应用开发也随之搁浅。而美洲银行1981年出现的停滞之所以持续了很久，是因为正如某位分析师所称的，当时的管理层"曲解"了创始人贾尼尼（A. P. Giannini）在经济大萧条时期所采用的终身雇佣制这一传统。对于每个高管职位，其他同等规模的大型企业银行会有3—4名合格的候选人，而美洲银行能找到一个候选人就已经很幸运了。时任美洲银行首席执行官的萨姆·阿马科斯特（Sam Armacost）在当时无法根据市场需求来一步步推行战略或组织变革，很大程度上是由于公司缺乏一流的高级管理人才，他说"我们的员工不会被解雇，但是工资被压得非常低。当一位快速上升的年轻高管为了获得更高的薪水要辞职加入另一家银行时，我们银行就那样放他走了"。

即使是拥有多线业务的公司，管理层也难以避免地来源于老套的内部晋升路线。日本人引以为傲的日立公司（Hitachi），在1992年时，销售收入在日本国民生产总值中所占的份额还高达2%，研发支出在日本企业研发总支出中的份额高达6%，但仅仅两年之后，即1994年，却发生了增长停滞，长达数10年的持续增长由此结束。而由此导致的收益下滑也是公司自1910年成立以来，对公司影响最为严重的一次。日立公司一直以来都是从能源部门和工业部门选拔高管，但业务增长机会却并不在这两个部门。这种选拔来源的片面性造成了整个管理层职能背景的单一：公司所有高管都是工程背景出身，无人拥有MBA或其他商科学位。公司将于2010年迎来百年华诞，高管选拔的来源可能也因此而正在发生改变。2006年，公司任命古川一夫（Kazuo Furukawa）为总裁兼首席执行官，他是从公司旗下的信息和电信系统集团提拔上来的，是有史以来首位未曾涉足过重型电机业务的总裁。

关键人才流失

关键人才流失这个因素的发生频率没有前面两个因素那么高，但是它在发生时却更加扣人心弦。1968年，IBM公司的增长陷入停滞，年增长率高达20%以上的时代由此终结。当时，IBM与美国数字设备公司在新兴的小型计算机市场中进行了一番不同寻常的激烈竞争，紧跟着，就发生了这次停滞。但实际上在这次停滞发生之前的一年，IBM还遭遇了一场前所未有的大规模人才出走。在IBM公司位于圣何塞的存储产品分部中，一群技术人员因为对薪酬补偿不满而集体辞职，共同创建了信息存储系统公司（Information Storage Systems）。仅仅一年半后，"200好汉"（Gang of 200）就追随这个后来为人所熟知的"十二金刚"（Dirty Dozen）的脚步，被IBM公司的资深老员工艾伦·舒加特（Alan Shugart）诱走，成为新创公司曼姆莱克斯（Memorex）的核心技术团队。而乐柏美公司在20世纪90年代中期发生停滞之后，16位高管中的14人于1996年出人意料地跳了槽，其中包括所有国际部门的负责人，这迫使乐柏美公司不得不放弃了依靠国际销售来实现收入增长的原有战略。

但在所有的人才流失案例中，最为跌宕起伏的莫过于迪士尼公司。尤其是20世纪80年代中期，当迈克尔·艾斯纳（Michael Eisner）和弗兰克·威尔斯（Frank Wells）加入公司，试图恢复它往日的辉煌时，迎接他们的是令人遗憾的人才流失事态。

多年以后在反思从这次员工流失事件中得到的教训时，艾斯纳认为，迪士尼的主要收入来源是电影业务，电影的核心是动画电影，而动画电影的核心是由600位动画绘制艺术家所组成的团队。艾斯纳将这600名动画师的团队形容为一个"人才盒子"，在他看来，他几乎没有给盒子里的人制造过任何压力。他不懂绘画，无法建议怎么画，也没有能力改进这种绘画技术产品。他的任务只是保护这个盒子：了解盒子里的每个人，并确保他们不会受到来自公司和外界的影响。

在1984年加入迪士尼公司的时候，艾斯纳颇费了些功夫，才找到这个盒子。确切地说，他必须深入4个层级以下，才能找到它，他得走出董事长办公室，进入摄影娱乐业务部，在其中找到动画电影职能分部，再穿过其中的制作科室，最后，才能接触到坐在制片助理旁边的动画师主管。

人们确实可以在迪士尼公司找到艾斯纳所说的这个盒子，但在公司的控制权从沃尔特·迪士尼（Walt Disney）传到卡德·沃克（Card Walker），再传到迪士尼的女婿罗恩·米勒（Ron Miller）的那些年中，这个人才盒子已经经历了一段漫长而懒散的螺旋式衰亡过程。沃尔特·迪士尼亲自制作的最后一部电影《森林王子》（*The Jungle Book*）于1967年公开发行，3年后，他去世了。1977年问世的《救难小英雄》（*The Rescuers*），是迪士尼公司初代动画师团队之九大元老所制作的最后一部电影，他们画了《白雪公主》（*Snow White*）、《匹诺曹》（*Pinocchio*）、《幻想曲》（*Fantasia*）等所有经典作品。在整个20世纪70年代，公司与动画师签订的是周合同，每周600美元。其结果可想而知，一部动画故事片平均需要4—5年才能制作完成。

然后在"黑色星期一"，发生了一次毁灭性的人才流失事件。高级动画师唐·布鲁斯（Don Bluth）和16位同事离职，组建了一个工作室，直接与迪士尼公司竞争，公司的动画师总人数由此减少到了200人。到1985年时，九位元老都已经七十多岁了，他们当时都已经离开了公司，没有一个人拿笔画过1985年面世的《黑神锅传奇》（*The Black Cauldron*）。这部关于巫术和黑魔法的奇怪电影完全脱离了迪士尼的原有风格。艾斯纳进入公司时，有传闻说董事会正在考虑关闭动画部门，要改从外部购买动画故事片。

新上任的艾斯纳对自己的当务之急丝毫没有含糊,他和搭档弗兰克·威尔斯马上展开工作,委派杰弗瑞·卡森伯格(Jeffrey Katzenberg)和彼得·施耐德(Peter Schneider)直接监管这个人才盒子,将动画师的数量增加到了原来的4倍,同时,投资电脑动画技术,委托罗伯特·斯特恩(Robert Stern)专门为所有动画师和电脑动画技术职能部门设计了动画制作大楼。这座大楼很快就成为地标。在落成典礼上,艾斯纳曾说,"一切都将从这座大楼重新开始。如果连这里都不起作用,那么我们其他所有的努力都会无关紧要"。

依赖关键人物

在人才储备不足这一类别的停滞根源中,关键人物依赖是第四个也是最后一个具体原因。它相对最为罕见。我们将它严格界定为"在制定增长战略或实施管理技能时,过于依赖某个人(通常是创始人)的贡献"。比起我们在研究中所审查的《财富》100强规模的企业,这种过度依赖更可能会发生在规模远低于《财富》100强的公司内。但我们又总会质疑自己的这种判断是不是完全正确。所以,我们通常将这个因素划归为大型企业停滞的影响因素,而非唯一的主导因素。

这种现象的典型表现就是创始人去世。这让公司一下子失去了动能,没有了推动发展的愿景。我们在上文讨论过迪士尼的动画业务,它在创始人迪士尼先生去世后,几年之内就开始衰落,无疑就符合这种模式。索尼公司(Sony)也一样,公司的联合创始人盛田昭夫(Akio Morita)1993年在网球场上中风,不得不停任董事长,索尼公司因此而备受煎熬,在仅仅一年之后就发生了停滞。苹果公司于1985年发生了著名的史蒂夫·乔布斯(Steve Jobs)出走事件,3年后,公司增长就出现了停滞(在外流亡了10年之后,乔布斯的高调回归也同样轰动一时,公司随之复兴,这更凸显了苹果公司对他的依赖)。而美国无线电公司的戴维·萨尔诺夫(David Sarnoff)虽然不是创始人,但他在1970年的逝世被公认为公司黄金岁月结束的标志。

在我们做出标记的其他案例中，首席执行官的统率影响极为强大，他们虽然没给公司留下创始人那么深刻的印记，但他们的去世却也都对公司的成长和方向产生了巨大的影响。一个最突出的预警实例就是可口可乐公司，1999年，距离公司无可替代的领导人罗伯托·戈伊苏埃塔（Roberto Goizueta）去世仅仅两年，公司突然就出现了停滞。戈伊苏埃塔领导可口可乐时的事迹在各大商业和大众媒体中被广为记述，后来的继任者确实都难以望其项背：在戈伊苏埃塔的16年任期内，可口可乐公司的股价上涨了3800%，历史上没有哪位首席执行官为股东创造的财富能比他更多。在戈伊苏埃塔去世之后的很多年，可口可乐这家巨头一直都茫然不知所措，进入21世纪以来历经了三位首席执行官，却也只能竭力将收入增长率维持在一个较低的个位数水平。

预防人才短缺

在我们企业战略运营管理咨询公司针对首席人力资源官（CHROs）所制定的会员计划中，吸引、培养并留住稀缺高技能人才时所面临的各种挑战一直都排在各大企业战略议程的首位。尤其是企业高管的继任，首席人力资源官一般情况下都会坚持亲自加以监管。在研究中我们发现，首席人力资源官可以用一种简单的方法来确保高管队伍的人员结构平衡，我们称为"混合型管理团队"。

极少有公司会对公司管理团队中新老人员的数量均衡情况进行正式监测，去了解其中有多少位是在公司工作多年的"老人"，又有多少位是可以提供新观点新方法的新人。尤其是大型公司，在向管理团队引入新人方面表现得相当糟糕。大多数研究显示，35%—40%的新聘高管在到任后的一年半以内会被挤走。现今企业都在学着创新人才管理举措，因而这一统计数据正在逐渐得到改善。在访谈中，有位高管极为坦率（前提是不公开其姓名）地向我们描述了新同僚在公司的处境："我们真的不能从外面聘请人才，因为我们的文化'拒绝'接纳他们。开会时，每个人都对新来的人笑脸相迎，并对他们［采取行动］表示赞许，但他们一离开会议室，人

STALL POINTS
MOST COMPANIES STOP GROWING
YOURS DOESN'T HAVE TO

当外来管理人才在公司高管中所占的比例范围控制在10%—30%时，组织架构能最有效地支持企业的增长。在这个比例范围内，高管队伍能保持活力，企业文化也能维持连续性。

外来人才的理想比例区间

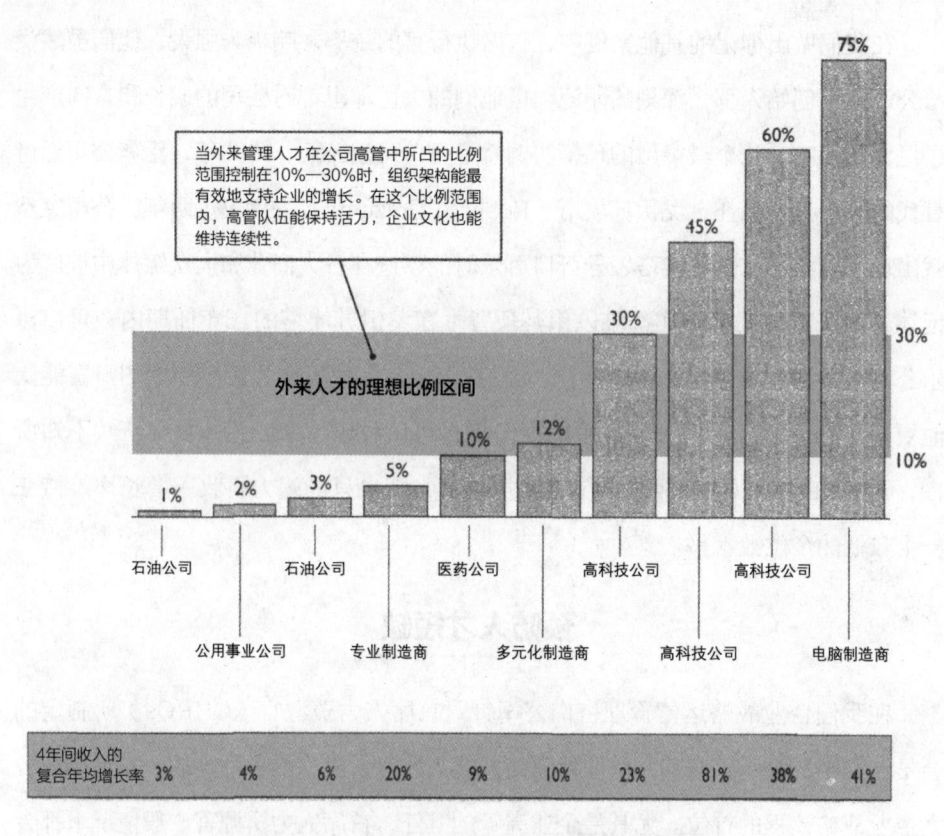

	石油公司	石油公司		医药公司		高科技公司		高科技公司	
			公用事业公司		专业制造商	多元化制造商	高科技公司		电脑制造商
比例	1%	2%	3%	5%	10%	12%	30%	45%	60%	75%
4年间收入的复合年均增长率	3%	4%	6%	20%	9%	10%	23%	81%	38%	41%

**图10.1　混合型管理团队的重要性日益增加：
样本公司的高管中外来人才所占比例**

们那脸翻得呦，比翻书还快。"

所以，人力资源部门该如何实现这种混合型管理团队呢？有哪些实用的经验法则可以依据？我们针对人力资源管理所做的分析将为此提供一个答案（见图10.1）。图中所示的跨行业分析并不全面，样本数量也有限，但这些数据已然足以说明问题，并给我们指引了一种有用的方式。位于图中最左边的某石油公司，仅有1%的管理人员来自外部，公司的年增长率为3%。位于最右边的某电脑公司，有75%的高管是新人，公司的年增长率为41%。但图中这两个极端的位置显然都不理想：

像电脑公司这种的人员统计数据，会让它很难维持企业文化的连续性。图示中间的位置可能差不多正合适，即公司中10%—30%的高管人员是从外面招聘来的。首席执行官和董事会在监测执行管理委员会的人员结构时，以及人力资源部门在监测公司顶层5%的核心员工的人员结构时，可以将"外来人才的理想比例区间"这个指标作为一个合理的参考。

根据我们的经验，很少有公司会在自己的指标清单中纳入这方面的数据。因而如果你希望在自己公司也能监测这个指标，那就必须先把它计算出来。

值得注意的是，图示中心那个外来人才的比例为12%、收入的复合年均增长率（CAGR）为10%的多元化制造商，是通用电气公司。现在来看，通用电气公司当时应该是处于管理指标的"最佳位置"。公司当时为了让高管队伍达到这一多元化水平，应该也是采取了某种战略，但这一战略并没有跟其结果一样广为人知。

1981年，通用电气的新任首席执行官杰克·韦尔奇（Jack Welch）一上任，就推出了业务发展计划（Business Development Program），将它作为公司内部的管理变革机制。该计划构建出了一个自主管理的咨询单位，直接向公司总部办公室报告，受一直担任公司首席信息官的加里·雷纳（Gary Reiner）直接领导。该计划旨在对公司人人梦寐以求的初级员工发展计划进行补充，为那些经验丰富的一流人才提供一个进入公司的通道。候选人都是公司主动从大型的战略咨询机构、各类投资银行，以及专业的咨询服务企业精挑细选挖来的。公司根据分析能力、团队合作能力和卓越领导人的素质潜力对每个人进行筛选，成功被选中的候选人将会加入公司的内部咨询团队——公司规划小组，或者加入公司的内部并购顾问团队——公司业务发展小组。

在这些小组轮岗18—24个月之后依然在职的人，将被安排到备受注目的运营管理岗和部门经理等高层职位。一位人力资源经理对我们说："从部门的角度来看，我们喜欢看到这些人。我们把他们放到关键的岗位上，然后他们就会击出本垒打……这些人为业务部门带来了新的外部视角，而且也能在内部与通用电气的公司文化充分地契合。"

在我们展开研究之时,这项计划已经极为成功地提升了通用电气公司管理团队的活力。有3%—5%的高管是通过这项计划进入公司的,大约75%的计划参与者在3年后仍然留在公司工作。这一效果可以说非常好了,所以它也可以被应用来抵御文化冲击。

人才储备不足背后的错误假设

在人才储备不足所导致的各种停滞问题背后,是众多公司的管理团队所共有的关于人才的一系列假设。它们大致可以归纳为3种理念体系,值得我们详加阐述,也可以用作企业内部测试人才管理健康状况的一个指标:

偏爱内部人才市场。大多数快速增长的成功公司(或至少是那些近来发展迅猛的公司)都已经形成了具有凝聚力的强大文化,倾向于从内部选拔人才来担任关键职位。强大的公司文化有时会排斥外来者,管理团队不信任他们,他们与管理团队的思维模式也不一样。对于曾经取得过巨大成功的公司而言,最容易的选择就是依靠公司内部数量已知的候选人。如果内部人才的开发没有达到最高效率,那么这种做法充其量只会限制公司的增长速度。在最坏的情况下,它也只会演化成一股抵制力量,排斥引入新的人才,也拒绝在公司战略中纳入新的观点。

高管队伍拒绝接纳外来观点。在企业内部,高管队伍对于"共享观点"的感知和需求最为强烈。很少有公司能顺畅地特意在公司高管层中推行混合型管理团队,从而引入外来观点。在企业发展承受压力期间更是如此,高管群体会本能地创造出一个视觉奇点,将关注重点放在执行上,而不会重新考量基本的战略假设。

对各种关键人才的界定不清晰。成功的公司都会拥有各种强大的正式或非正式的系统,用于发展并支持员工的能力素质。这些能力素质对公司以往的成功而言至关重要,但却并不一定能满足公司未来发展的需要。公司的能力模型、培训项目和薪酬体系等,都是用来支持公司到目前为止的增长所需的各种技能的。因此,公司很难清楚地表述并商定自己未来所需的各种人才是什么样，也很难对组织架构进行调整，来培养、招募、支持这些人才。

人才储备不足小结

在导致增长停滞的组织设计因素中，最为常见的一类因素就是人才储备不足，指的是公司缺乏具有执行增长战略所需关键技能和能力的领导者及员工。这个因素在所有停滞因素中的占比为9%。具体表现为4种根本原因：内部选拔出的人才在技能上存在短板（尤其是管理人员或技术人才）；管理人员经验的局限性；关键人才流失（通常是掌握稀缺技能或核心差异化能力的人才大规模叛逃）；依赖关键人物（创始人或者具有远见卓识的领袖人物）。虽然整体来看，这类停滞因素所占的比重相对较低，但在当今社会，人才短缺的问题日益严重，因而企业始终应该关注这类警示灯。另外，以增长为导向的公司在制定未来战略时，管理团队需要考虑以下几方面的问题。

高管层自测题

1. 公司需要在未来3年内引入新的技术或专业知识，对此我们目前是否正在有针对性地采取行动？

2. 在招聘关键岗位的人员时，我们是否可以不用考虑候选人的来源是内部还是外部，从而能够自由地选出最佳人选？

3. 我们的高管队伍是否为外聘人员占到30%左右的混合型管理团队？

4. 我们是否已了解清楚公司内部是哪些技能（和个人）给予我们在市场中的竞争优势和差异化？

5. 我们是否为这些人才投入资源，高管是否在关注他们，确保他们积极参与公司内部事务，避免被猎头挖走？

6. 公司在挑选高潜力员工（HIPOs）时，是否选出了未来发展以及当前业务模式都需要的技能和能力？

7. 公司的战略规划是否与人力资源计划之间进行了密切的配合，以便让增长计划明确地转化为人才的招聘、培养和保留计划？

测试结果解析

以上问题涵盖了从当前的招聘问题到长期的规划问题等多个方面。对问题1应该回答"否"，特别是当公司所需要的技能与消费品营销这个快速发展的技能领域有关时，更应该回答"否"，以便激励招聘部门。问题2和问题3探讨的是对外部人才市场的开放程度。问题4—6探讨的是公司为培养稀缺人才所投入的资源量（在这一点上，如果问题4回答了"否"，则尤其应该加以注意）。问题7涉及的是人力资源领域中一个比较前沿的学科。

第十一章
其他组织因素

在组织设计因素这个大类中,除了人才储备不足问题及混合型管理团队问题之外,还有其他3类因素与组织和人力资源政策相关,它们在所有停滞因素中的占比总共为8%。虽然这3类因素并非收入增长出现拐点的主要驱动因素,但往往是极为重要的"帮凶",会让最初的战略问题,即管理团队通常已经明确地认识到的问题,转变为延续多年的收入衰退。

这3类因素分别为:董事会不作为;组织架构过于臃肿;绩效评价指标不正确。

董事会不作为

在这3类因素中,董事会不作为这种现象是大家比较熟悉的。它在所有停滞因素中的占比为4%。这个因素很有意思,人们对于它究竟是个"大"问题还是个"小"问题存有争议。在我们审查的实例中,有勇敢坚定地采取行动并履行代理职责的董事会,也有因未采取行动而令人瞩目的董事会。在有些案例中,董事会的软弱无力虽非导致增长出现停滞的主要原因,但它却会有效地扼杀公司避免增长减缓的最后良机。实际上我们专门为董事会和首席执行官撰写了本书的第十四章,原因正是我

STALL POINTS
MOST COMPANIES STOP GROWING
YOURS DOESN'T HAVE TO

们看到在当前的经济形势下，董事会在参与战略管理时面临前所未有的挑战和机遇，而且也因为我们极为钦佩杰伊·洛尔施（Jay Lorsch）及其从事公司治理咨询的同事，他们劝诫董事会成员要有建设性地、积极地参与到战略的检验和质疑活动之中。

众多的警示性实例往往都会回到同一个主题，那就是由于董事会的成员结构不合理，或者由于缺乏专业知识，董事会无法约束刚愎自用的首席执行官对公司施加影响力。从1940年起，陶氏化学公司（Dow）的内部人员在董事会中逐渐占据了支配地位，其所占比例之高，如果放在今天的话，是不被法律允许的。由于当时在公司董事会中仅有两名非公司成员，首席执行官威拉德·道（Willard Dow）在1956年被迫放慢了公司市场拓展和能力提升的步伐，并主动减缓了增长速度，导致公司的增长失速情况进一步恶化。离现在更近的实例是沃尔沃公司，它当时的首席执行官佩尔·于伦哈马尔（Pehr Gyllenhammer）给持不同意见的人创造了一个充满敌意的环境，这导致两名董事会成员于1984年辞职，失去约束的管理层开始肆意进行多元化，带领公司进入了与核心业务毫不相关的生物科技、石油、天然气等领域。随着核心汽车业务的市场份额不断下滑，沃尔沃不得不在20世纪80年代末到处寻找可以合并的伙伴，却都以失败而告终。

而与之形成鲜明对比的是康柏电脑公司在1986—1993年发生的案例。这家公司很有意思，它当时的收入增长正在陷入停滞，但接着又成功地摆脱了停滞。当时康柏的管理团队由创始人之一的罗德·肯尼恩（Rod Canion）领导，董事会具有高度的独立性并极为信任这个管理团队。康柏的管理层之所以能赢得董事会信任，是因为在20世纪80年代，它有力地反击了主要竞争对手IBM公司，并成功地使得康柏与这家比自己规模大很多的大型老牌公司并驾齐驱，管理层的这种能力由此让自己备受钦佩。肯尼恩这位企业家创始人具有反传统思想且固执己见，康柏公司的管理团队采用了一种相当严谨的管理风格，从而避免了他做出变幻莫测的决定。麻烦主要来自低端市场中的新兴竞争对手戴尔公司。戴尔公司的新型直销模式和差异化营销广告给曾经坚不可摧的康柏公司造成了猛烈的打击。在此情况下,管理团队本该对公司的高价产品线及快要被彻底击败的经销网络做出重大调整,然而,它先是回避,之后又进行拖延。看到这种情况后,公司董事会坚决而迅速地进行了干预。1992年,在董事长(经验老到的风险投资家)本·罗森(Ben Rosen)的带领下,董事会用高管埃克哈德·菲弗尔(Eckhard Pfeiffer)替换掉了肯尼恩。这一突如其来的举动着实令人震惊。上任后不到9小时,菲弗尔就开始采取行动,开发新的低成本产品线和新的分销系统来对抗戴尔公司。尽管在之后多年内,康柏公司继续与戴尔公司进行殊死竞争,但在当时,公司的增长势头已经被拉了起来,从而避免了收入增长陷入停滞(罗森作为股东利益的首席主张人,继续执行自己的坚定信念,7年后的1999年,由于两次收益预警信号动摇了华尔街对菲弗尔管理层的信心,他罢免了菲弗尔)。

康柏公司董事会的积极姿态证实,当董事会深入参与到公司的战略管理中时,董事会的强大力量能够迅速而果断地转变公司的战略方向。

组织架构过于臃肿

接下来的这类组织设计因素涉及众多公司,这些公司停滞的原因是与组织架构过于臃肿相关的深层次问题。表现为3种具体的根本原因:过度分权,常见的表现是由于业务部门高度自治,导致各部门无法采取协调一致的行动来抓住增长机遇;决策结构不合理,导致增长计划的控制权不集中,分散在高度矩阵化的组织环境之中;缺乏战略计划,它的影响不言自明,后果一样令人吃惊!

这种过度分权的组织架构在有些公司是历史遗留下来的,而在有些公司则仅仅是规模达到一定程度的体现。管理的诀窍在于懂得平衡,既充分放权促进员工的创业精神和主人翁意识,由此推动公司发展,与此同时,又不过度放权,以免产生冗余成本或导致碎片化创新。花旗集团(Citicorp)在20世纪90年代初所经历的艰辛阵痛就是一个很好的例证。

在进入20世纪90年代后，花旗集团的增长步伐开始蹒跚。此时管理层发现自己必须得把随心所欲的企业文化纠正过来。当时，集团的独立利润中心多达250个，经理的薪酬主要与这些利润中心的绩效挂钩，因而也难怪无法无天的企业文化在集团内部盛行。那个年代最令人记忆深刻的是，当时"花旗说"（Citispeak）式的各种术语报告："打造乐园"（paradising）行为指的是，创建自己的后勤部门及办公系统，让自己掌控的帝国规模变得更大。开发部门是最终的"乐园"——一个价值1亿美元的研发企业（竟然是在银行集团内部！）。最离谱的一个术语是现在早已被弃用的"精算库"。这个术语的假设是，高管可以自由地冒险，不用有任何担心，因为银行的规模是如此之大，业务是如此多元化，即使哪个方面出了问题，也都会被另一个领域所取得的成功给抵消掉。这就相当于今天通过衍生品和证券化来在整个金融系统内分散信用风险的方法。在回忆并反思那段时期时，花旗银行的高管詹姆斯·贝利（James Bailey）说："我们就像是一个中世纪的国家。有国王有朝廷，所以这个国家应该是他们说了算，对吧？但是，不不不，拥有土地的领主说了才算。国王和朝廷可能会宣布这宣布那，但领主却只自顾自地按照自己的想法做事。"

另一种颇令管理团队恼火的组织架构，是稠密矩阵式的组织架构，当今的众多管理团队大都非常熟悉这种极为混乱的网络，它在管理团队需要干脆利落地就重要的战略问题执行决策时，会产生各种问题。飞利浦电子公司就是这样的一个突出例证。它被公司运营系统中根深蒂固的矩阵结构绊住，导致在1978年陷入了增长停滞。此后管理层为了提升增长速度，开始着手处理各国产品部门与各国分公司（National Organizations, NOs）之间的权力平衡。

在飞利浦电子公司内部，各国分公司拥有非同寻常的权力。这种极度放权的做法源自经济大萧条时期和第二次世界大战期间，公司当时为了保护欧洲各地的分公司而制定了保护性措施。自那以后，各国分公司在整个公司内始终处于支配地位，导致飞利浦电子无法实现规模经济，在快速发展的消费电子市场中也缺乏灵活性。有两个实例可以说明各国分公司当时的权力有多大：飞利浦的电视机制造厂分散在欧洲众多国家，几乎所有工厂的运营都没有达到规模经济，但公司总部无法说服各国分公司相信泛欧运营会带来的各种优势。此外，尽管公司的家用电器业务利润微薄，而且市场份额一直在下滑，但各国分公司坚决抵制对集中制造进行讨论。其结果就是，在德国和意大利生产的洗衣机及其他家用电器没有任何零部件可以通用。

虽说这种组织结构的失衡仅仅发生在飞利浦公司传统的家用电器业务领域，但它却严重地阻碍了管理层招募新的人才，也导致公司无法将重心转向半导体这样的真正全球化的产品线。

许多管理团队可能会发现自己也面临着与飞利浦公司相似的困境。自己公司的组织架构原来是根据产品来安排的，现在却需要将重心方向转到消费者身上；自己公司的组织架构原来是按照区域来设计的，现在却需要转向全球化的产品线或流程。我们无意就这个案例或这种困境来批评飞利浦公司，只是想说，当组织架构在阻碍而非推动公司战略的实施时，采取相应的行动来对组织架构做出调整确实是极为必要的。

组织设计中最后一个相对而言更为直接的问题，就是没有战略计划，也就是说在公司层面，没有任何相关的规划职能致力于为公司的投资组合做出设计或者为公司的竞争进行定位。20世纪90年代初的罗尔斯顿–普瑞纳公司（Ralston Purina），就是这样的一个典型例证。在整个80年代，公司采取的一直都是一种多元化的战略，但其投资组合显然并没有实现1+1≥2的效果：公司的每次收购都符合一个短期财务目标，但是，最终产生的投资组合却完全不成类别，所收购的餐馆、电池、面包店、滑雪胜地等各种业务相互之间毫无关联，让外部分析师大惑不解。

公司的投资组合在不断变换，管理层为了实现短期盈余管理目标，也一心扑在股票的回购上，于是随着公司所面临的竞争对手和所在的市场发生彻底变化，公司的宠物食品和麦片等标志性业务开始随波逐流。公司当时的一位内部人士坦承：

"我们罗尔斯顿公司的主要问题在于我们没有真正的战略。"迫于压力，董事长兼首席执行官威廉·斯迪里兹（William Stiritz）就公司的全球战略问题进行了解释，他说："我们没有什么全球战略，我们不相信这个东西。我们一切顺其自然。"公司的确就如他所说的一样而随波逐流。

绩效评价指标不正确

在导致停滞的组织因素中，绩效评价指标不正确是最后一类因素。这类因素表现为2个具体的根本原因：竞争力评价指标不正确和财务目标缺乏灵活性。这两个问题在很大程度上又都是出于一个共同的原因：管理团队未能及时更新财务指标和竞争指标，以确保关键评价指标的持续相关性和有效性。在研究中我们发现，有大量的案例公司完全依赖于过时（或错误）的绩效评价指标并深信不疑，以致在出现停滞的苗头时毫无察觉。

在我们所研究的增长停滞案例中，美国航空公司（American Airlines）的母公司美利坚航空集团（AMR）就是这样一个有意思的实例。这个纪律严明的数据驱动型组织在面对竞争环境长达数十年的变化时，一直坚持采用过时的竞争力评价指标。早在1956年，美利坚航空集团就向航空业引入了收益管理科学，通过其电子预订系统（Magnetronic Reservisor）来跟踪航班的订位情况。20世纪60年代，公司与IBM公司合作推出了SABRE系统，这是当时在美国政府之外，全美第二大的电子数据处理系统。此外，美利坚航空集团也在行业中首开先河，在航空业务之外，率先在自己的产品组合中增加了航空及机场服务业务。

20世纪70年代后期，随着航空管制放松，出现了新的低成本竞争对手，但美利坚航空集团继续专注地与其他的大型航空公司进行竞争，彼时，凭借其在收益管理方面一流的数据处理能力，这些指标尚且管用。然而，公司的收益管理方程式并没有显示出这些新来的竞争者具有完全不同的成本基础，也没有显示出它们没有成立工会组织，飞机型号单一，而且航线结构简单。首席执行官罗伯特·克兰德尔

（Robert Crandall）由此认为，这种竞争对手只是细分市场的临时闯入者，于是，公司继续专注于在大型航班的现行成本结构下，努力让每趟航班的收入最大化。由此可见，公司为了与具有相同成本约束条件的竞争对手进行竞争，花了整整30年完善一个收益管理工具，这么长的时间就创造出了一个战略环境，使得公司难以设想新的方法来对抗闯入者。

财务目标不灵活，是绩效评价指标不正确这类停滞因素的另一种表现形式。苹果电脑公司（Apple Computer）由于财务目标缺乏灵活性，导致公司在战略上存在局限，是个比较典型的案例。苹果电脑公司曾经一度迷恋于50%以上的毛利率，这导致公司没能在早期推出新产品和进行其他投资，而这些产品和投资本可使其在个人电脑市场中获取至少两位数的市场份额。此外，公司于1989年遭遇了停滞之后，电脑存储器的成本上扬，研发费用和管理费用也不断上涨，于是管理层为了提高毛利率，将产品价格推高了将近30%，但仅仅3个月后，就被迫放弃了这一弃车保卒的策略。时任首席执行官约翰·斯卡利（John Sculley）回忆说，当时自己曾反复地努力，想将管理团队的关注点从毛利率拉回到市场份额上。他悲叹道，"我们的业务本来有着光明的发展前景，却被我们自己给摁死了"。

有关董事会不作为、组织架构过于臃肿、绩效评价指标不正确等组织因素的所有这些实例让我们看到，组织架构问题虽然不是导致收入增长出现停滞的主要驱动因素，但确实起了很大作用。由于臃肿或过于复杂的组织结构、反应迟钝的董事会，以及误导性评价指标的阻碍，管理团队在受困于艰巨的战略挑战时会错失良机，无法及时调整组织架构，也无法重新设计他们作为公司治理依据的相关指标。

其他组织因素小结

其他组织因素在所有停滞因素中的占比并不高（共8%），但却在很多大型公司的收入增长停滞中起了很大作用。其中的根本原因包括：董事会不作为（由人员构成不合理或人员专业素质欠缺导致）；组织架构过于臃肿（阻碍公司及时地对外部环境变化做出反应）；绩效评价指标不正确（通常是由于评价指标过时，或者财务目标不灵活）。

高管层自测题

董事会不作为

1. 我们的董事会（或常设委员会，或临时委员会），是否拥有丰富的行业知识或经验，能对公司的战略假设进行压力测试？

2. 在测评首席执行官所制定的绩效规划时，董事会是否同时使用了财务目标和非财务的战略目标？

组织架构过于臃肿

3. 当我们需要快速适应外部市场或竞争的发展变化时，公司的组织架构是否能支持我们迅速做出调整和改变？

4. 我们在企业层面是否有战略职能部门？该部门是否负责制定长期战略？

绩效评价指标不正确

5. 过去两年内，我们是否曾核查或更新过公司整体的绩效评价指标？

6. 我们的财务绩效目标是否有助于公司抓住机遇，在重要的增长型市场中确立领导地位？

测试结果解析

以上6个问题的覆盖面广泛，主要涉及公司的行政管理领域。问题1和问题2所提出的董事会活动问题，我们将在第十三章进行讨论。问题1或问题2不管哪一个的回答为"否"，公司都应该对董事会进行非公开审查，让它在战略制定和绩效评价中发挥应有的作用。问题4实际上并没有表面上看起来那么简单，它由两个问题组成，因为在很多公司中，战略部门的关注点几乎全部转移到短期规划问题上。问题5和问题6探讨的是公司当前的绩效评价指标是否能很好地帮助公司将关注点放在增长上。

STALL POINTS
MOST COMPANIES STOP GROWING
YOURS DOESN'T HAVE TO

第三部分

狙击停滞，跃出低谷

第十二章

及时更新老旧战略：防患于未然

截至目前，我们已经深入探讨了各种大型企业自20世纪下半叶以来的增长历程。我们对这些企业在增长轨迹中发生的长期停滞进行了归纳分类；针对这些严重挫伤了管理团队促进公司增长的雄心壮志的增长停滞，我们阐述了其产生的根源；在数据基础上进行归纳和推导之后，我们做出了分析和评论。但是为规模数十亿美元以上的巨型企业绘制增长路线，并引导它们遵循这个路线，是一项极为艰巨的任务。希望本书对这些巨型公司增长历程的回顾没有辜负这项任务，为之提供了先见和经验（当然，事后回过头来探讨并分析这些历程时，很容易陷入一种无所不知的姿态。我们也意识到对于分析师而言，这种视角有点"事后诸葛亮"，是一种不公平的有利因素）。

在本书这第三部分，也是最后一部分，我们将大举改换方式，来探讨大型企业这些共同停滞经历背后的问题：这些停滞到底是怎么回事？读者应该从中学习并汲取哪些经验教训？企业管理层应该采取哪些行动？

我们相信所有这些停滞经历都可以提供宝贵的经验教训。在所有失速点的背后，在停滞根源树形图的背后，以及在各种停滞案例的背后，我们看到了一个根本性的原因：管理层没有采取有效行动来缩小公司战略与外部环境之间的差距。这可能表明管理层没有意识到这种差距的存在（或者正在扩大），也可能表明管理层没有搞清楚工作的优先顺序——在自己所面临的所有问题中，究竟哪一个最要紧？

缺乏这种自我意识让人尤为头疼，因为它往往具有潜在的危险性。在第四章，我们介绍了战略假设在战略制定中的作用和重要性。我们在分析了大型企业管理层有关停滞的经验之后，得出了结论，就是极端一点来说，管理团队深信不疑或信奉最久的那些假设，反倒最有可能就是导致他们遭遇失败的根源，因为这些理念在公司内是如此显而易见，认可度也如此之高，以致对它们争论会显得不明智，管理层也因而不会再就此进行慎重的讨论。

鉴于此，我们将在本书的最后一部分推荐一系列流程。一流的大型企业已经率先使用这些流程来阐明、监控自身的战略假设，并对它们进行压力测试。我们希望此处介绍的做法能给读者提供参考和借鉴，能适用于读者自身所在的行业环境和企业文化，能输出应用到读者所处的环境中，并能以较低的前期成本融入读者所在公司的运营节奏和经营日程之中。

管理团队的理念体系是从观察到的现实情况转变而来

我们在研究中发现，推动众多案例公司发展成为世界一流公司的那些增长战略，都建立在各种假设之上。这些事实因而证明，这些假设并不一定是"不好的"僵化认识，也不一定是毫无根据的盲目理念。实际上正如彼得·圣吉（Peter M. Senge）和丹尼尔·金（Daniel H. Kim）指出的那样，这些战略假设让公司管理层得以在高度模糊和模棱两可的情况下高效率地做出决策（见图12.1）。战略假设起源于公司在自己尚且年轻的早年间对世界的直接观察所得，后来被纳入公司的商业规划之中，作为公司的运营指导方针，并最终成为一种不言自明的战略性正统理念。

在公司不断取得成功的过程中，这些战略假设也随之得到验证，于是它们就逐

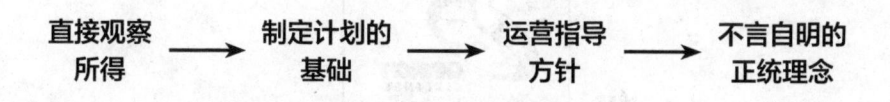

```
直接观察   →   制定计划的   →   运营指导   →   不言自明的
  所得          基础            方针         正统理念
```

图12.1　战略假设的生命周期

渐汇聚成为有关竞争环境的基础性假设和辅助性假设，并不断扩充，从而为公司及管理团队形成了更加完整的世界观。美国国内航空公司就折扣航班竞争所做的假设就是一个很好的例证（见图12.2）。

各公司所做的主要假设是公司在一开始加入竞争时所进行的押注，涉及各方面，比如，改变客户行为和市场份额的战略能力、设备标准化所产生的成本效益、点对点路线所能提供的细分市场进入机会，以及客户自助购票方式所带来的可见利益。这些主要假设分解成了关于客户、竞争对手行为、公司经济状况的一系列基本假设。这些基本假设是可以观察到的、实际存在的一些现象，可以作为战略决策的依据。比如，消费者表现出来的偏好是，他们愿意舍弃服务水准，来换取更低的票价，或者来改选能够减少转机时间的短途航线网络。基本假设继而又生成了一系列辅助性假设，帮助组织内各个层级的运营部门高效率地做出决策。

在阐明战略假设时所面临的挑战

对于企业而言，对战略假设与不断演变的外部环境之间的联系进行了解和监测极为重要，但管理团队却很少会花费时间或精力去阐明战略制定所依据的各种假设，更不会针对这些假设来设定精确的指标，进而根据外界的现实情况来测试这些假设。此外，很少有管理团队会为了保持战略有效性，而对各种假设按照性质进行分类，或者根据重要程度进行排序，从中查找并确定对于企业战略方向的持续健康而言至关重要的那些基本假设。

这种能准确地表述战略假设，并且能对这些战略假设连续不断地进行测试的基

STALL POINTS
MOST COMPANIES STOP GROWING
YOURS DOESN'T HAVE TO

战略: CANNON* AIRLINES — 低价短途航班

主要假设:
- 低票价战略可以在保证盈利的情况下扩大市场份额
- 与没有能力在不同航线上使用不同飞机所产生的弊端相比，标准化机队所带来的好处更大

基本假设:
- 乘客愿意为了更低票价而放弃座位选择权和飞机餐
- 每趟航班的高上座率可以弥补客均收入的降低，总收入也会相应提高
- 低价机票对那些通常开车出行的人很有吸引力
- 互换飞机的能力让航线在紧急情况下和高峰期内具有更大的灵活性
- 单一型号飞机的培训和维护成本更低
- 只采购单一型号的飞机可以简化与供应商之间的关系

辅助性假设

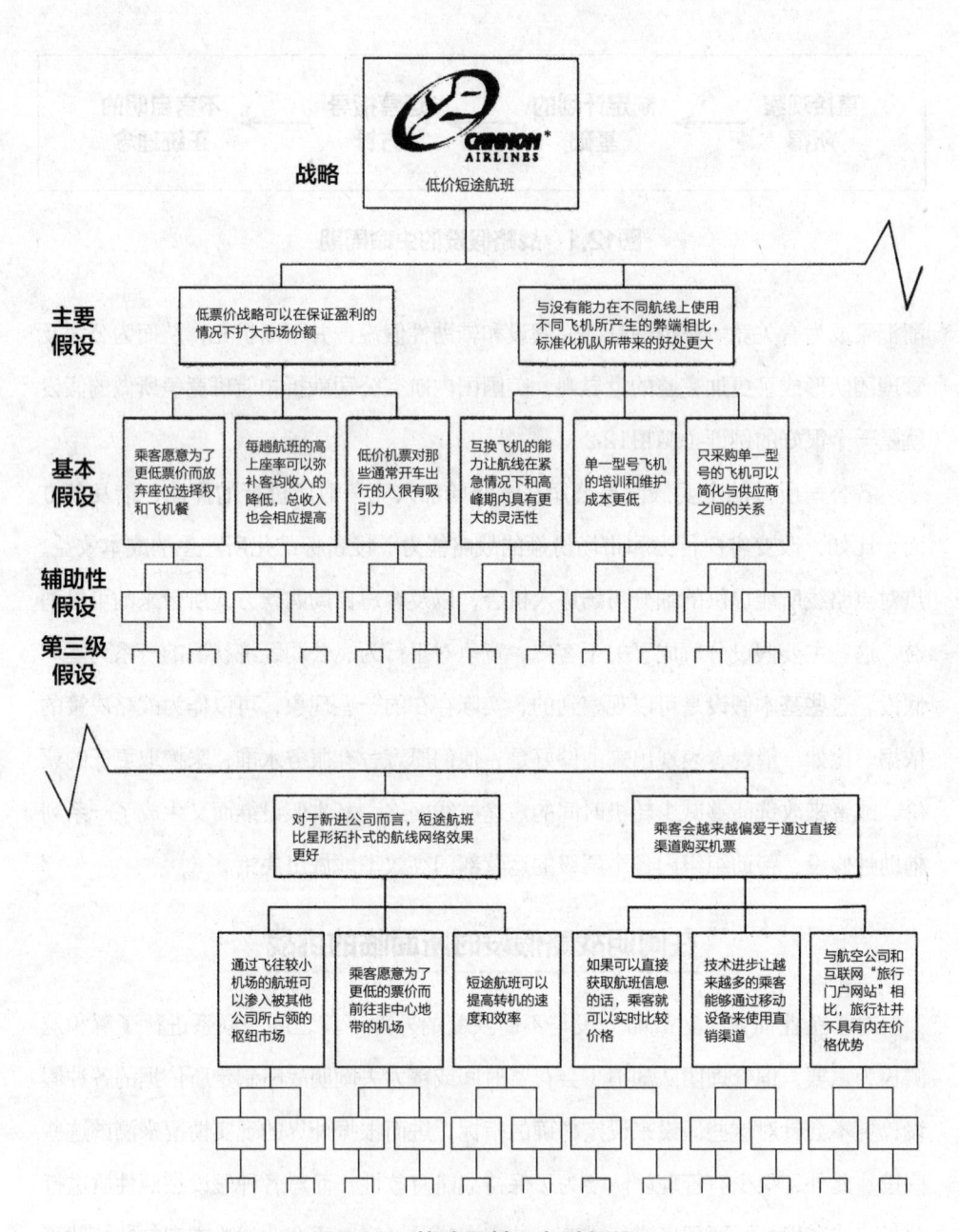

第三级假设

- 对于新进公司而言，短途航班比星形拓扑式的航线网络效果更好
- 乘客会越来越偏爱于通过直接渠道购买机票

- 通过飞往较小机场的航班可以渗入被其他公司所占领的枢纽市场
- 乘客愿意为了更低的票价而前往非中心地带的机场
- 短途航班可以提高转机的速度和效率
- 如果可以直接获取航班信息的话，乘客就可以实时比较价格
- 技术进步让越来越多的乘客能够通过移动设备来使用直销渠道
- 与航空公司和互联网"旅行门户网站"相比，旅行社并不具有内在价格优势

图12.2 战略是基于各种假设：
美国某（虚构）折扣航空公司的战略假设体系

本能力，就是斯坦福大学教授罗伯特·伯格曼（Robert Burgelman）和英特尔公司前首席执行官安迪·格鲁夫（Andy Grove）所说的战略认知能力，"这种能力指的是，公司高管通常能在公司内外部的新发展新变化已经展开之后，在对它们的可能后果达成统一认识之前，看出它们对公司未来发展的战略意义"。1996年，罗伯特·伯格曼和安迪·格鲁夫所提出的这个术语引起了人们的激烈讨论，当时，这种领导能力尚极为短缺。十年过去了，我们只能说，短缺问题比之前更为严重。

我们会员中的企业战略负责人认为，对战略假设的阐明及监测是大型企业当前表现最差的领域之一，但也是能够对企业产生影响的最佳机会之一。在某次年度调研中，我们请战略师评价自己企业在20项核心战略和规划目标上的表现，以及其中每个领域对于实现企业整体绩效的重要性。通过比较并分析企业对每个领域的响应情况，我们得以判断并衡量出表现和重要性之间存在的差距，从而帮助会员企业确定下一年度各项工作的轻重缓急。

我们的会员认为，针对各种假设而发起的这两项挑战（阐明和监测），是提升企业绩效的最佳机会领域，甚至超越了"在管理一线业务时树立战略思维"和"了解客户需求"等重要的关注领域。这个领域亟待管理层积极地进行尝试和关注。

在本章和下一章，我们将在得到一流大型企业许可的情况下，记录并探讨它们应对这一挑战的开创性做法，以备同行企业参考和效仿。我们首先来看如何阐明战略假设，然后来看如何对这些战略假设进行压力测试。

阐明战略假设的几种惯常做法

在本节内容中，我们将介绍大型企业用于阐明战略假设的两种惯常做法，促使管理团队清楚无误地阐明公司当前战略所依据的各种基本假设，并从中挑选出关键的假设，进一步做重点核查。在首次进行这项工作时，可能会让人感觉带有一定的补救性质，但这项工作是必不可少的，它能揭晓管理团队的世界观中那些尚未被明确表述出来，且极少会被检验的理念。要想最有效地实现这一工作的目标，就必须邀请众多公司经理都参与到这项活动中来,而不是创建一个"一言堂",也不是只让每位高管自行记录下自己的观点。早期实践此项工作的企业出乎意料地发现,这一流程会极大地激励参与者,因为该项活动所取得的成果具有重大意义,大家会由此对哪些重要问题将决定公司的成败达成统一意见。

核心理念识别小组

大型企业惯常用的第一种开创性做法,我们称为核心理念识别小组(见图12.3)。这个流程实施起来相当简单。公司在内部委托一个由多部门员工组成的工作小组,在公司内部进行"狩猎探险",识别公司对于自身及其所在行业所持的、深信不疑的种种假设。该活动通过设定一个基线,能极为有效地识别出公司内部普遍认可的领域(正如我们上面指出的那样,这些普遍认可的领域与那些缺乏共识的领域一样重要,一样值得质疑),并能有效地引导少数派表达自己的观点,从而影响高管层的战略思考。

在一个比较紧凑的时间段内,团队成员采用同一个系列的问题,在公司内部展开调研。调研对象是业务部门和主要职能部门的各级管理人员。该流程的设计旨在快速实施,因而仅需要耗时数天或数周,而非数月。在整个过程中,团队成员定期会面,比较各自的调研数据,记录调研发现。

早期实践此种做法的企业汇报说,要保证该流程的效果,有两个方面尤为重要。首先,参与人员的数量和质量是成功的一个关键因素(见图12.3)。参与人员的合适数量应当根据公司规模的大小来调整确定,不论公司规模大或小,参与人员的多元化和思维独立性都非常重要。而若要这个小组发挥最大的运行功效,小组成员就应当来自不同的职能部门,并且成员主体应当由不太认同公司当前正统理念的那些年轻新员工构成。

其次,是参与者在调研时所使用的问题的质量。这些问题的目的是通过一系列针对事实的提问("我们处于哪个行业?""我们的客户是谁?"),以及需要参与人

第十二章 及时更新老旧战略：防患于未然

做法简述：核心理念识别小组

一个由多部门员工组成的工作小组在公司内部进行"狩猎探险"，识别公司自身及其所在行业所持的、深信不疑的各种假设。该流程能在有限时间内高效率地收集公司内部所公认的理念。

实施机制

- 公司指派一位高管督导，由员工组建起一个工作小组。小组由12—25名员工组成。小组成员应当来自不同的地域、不同的运营单位，以及不同的职能部门，并主要为大于认同公司当前正统理念的那些年轻员工。
- 在一个比较紧凑的时间段内（数天或数周，而非数月），团队成员针对一小部分问题在公司内部展开调研（见本章中的举例说明），以及行业内取得成功的那些驱动因素。
- 工作小组不时地打断每位成员的调研，召开全员会议，审查回顾调研结果，明确那些尚未在管理层级之间问已经达成共识问题存在分歧的领域。
- 小组的整体调研结果（至少）在两个方面用于公司的战略业务所持的"主张的利益：（1）通过深入探讨并利用公司内部惯常观念所具有的优势，识别出公司特许经营业务的"张扬机会"；（2）可以把高常观念所共认的领域整理汇总成一个清单，定期进行审查回顾。

效果评价

- 这种做法的效果极佳，部分原因在于企业一般都不会老费精力去阐明关键的假设。所以，这种做法也能现出，公司在传统的"暗箱操作"式的战略流程与"锅碗"式的参与式战略流程之间，做到了恰到好处的折中和平衡。这是企业努力的一个目标，因为它有将意见纳入战略流程时，达到了恰如其分的民主化。
- 步调统一是关键：如果小组成员从来源符合要求，且相互之间配合良好，那么这种做法的成本就会非常低，周期时间和也会相当紧凑。

"核心信念"认同中的代表性问题领域

识别公司内部的正统理念

1. 我们在以下方面所持有的惯常观念是什么？
   - 我们所处于哪个行业？
   - 我们有哪些竞争对手？
   - 我们的客户是谁？
   - 我们的客户有什么需求？
   - 我们如何赚钱？
   - 我们如何发展业务？
   - 我们如何安排公司的组织架构？
   - 我们推行和取得成功所倚靠的那些驱动因素？

2. 关于我们的业务，你永远不会听到以下人员谈及的10个方面分别是什么？
   - 高管层
   - 客户
   - 竞争对手
   - 股东

识别行业的正统理念

1. 我们这个行业通常认为"取得成功的关键因素"是什么？

2. 我们行业龙头企业在以下方面所持有的观点是什么？
   - 我们的客户是谁？
   - 如何接触到这些客户？
   - 差异化的基础是什么？
   - 从哪里获取利润？
   - 如何进行细分整合？

3. 哪些同行企业在打破业内既定的"知识"后取得了成功？
   - 它们颠覆了哪些业内惯例？

4. 我们公司在过去10年内错失了哪些重要的创新机会？
   - 哪些公司发现了这些创新机会？
   - 它们是如何发现我们所错失的这些创新的？

在审议战略时既突出重点又广纳建言

我们以这种方式为起点，为我们公司探寻长期的增长路径与传统的战略审议流程相比，这种做法能极大地帮助我们在更大范围内跨部门利用各种专业知识和观点，从而拓展我们的思维，并对我们惯常观念提出质疑。

——副总裁
《财富》100强某消费品公司

图12.3 多元化的视角有助于核心理念识别小组搜寻公司内的正统理念

员进行判断和思考的争议性问题（"关于我们的业务，你永远不会听到客户谈及的10个方面分别是什么？""哪些同行企业打破业内既定的'规矩'后取得了成功？它们颠覆了哪些业内惯例？"），让参与人员了解公司内部最为棘手且深信不疑的那些理念。图12.3中简短列出的问题可用于探讨企业内部和公司所在行业的正统理念。

消费品行业的一家龙头企业告诉我们，它曾经以这种方式为起点，为公司探寻长期的增长路径，发现这种做法很有帮助，让它对多年以来在公司内部根深蒂固的惯常观念提出了质疑。我们推荐这种做法，是因为它能帮助企业为两个常见的疑难问题找到解决方案：首先，帮助企业在两种截然不同的战略流程之间实现恰到好处的折中和平衡，一种是传统闭门式的战略讨论方式；另一种是随着参与者的人数增多，导致可信度下降、优势被削弱的全员"一锅粥"式的战略讨论方式。其次，通过提出一系列问题，帮助企业找出已在内部达成共识的领域，以及目前尚且存在争议的领域。

预想式战略分析

大型企业用来阐明关键战略假设的第二种惯常做法，是预想式战略分析（见图12.4），一流大型企业的高管发现这种做法不仅实用，而且非常有趣（敢不敢这样说？）。这种做法要求高管们组成工作小组，设想公司在未来5年竞争成功或失败的不同情景，想象5年后商业期刊会对此做出怎样的报道。工作小组对公司未来成功和失败两种情景中的各种潜在问题进行整理和分析，识别出在两种情景下都需要考虑的共同问题，从而确定出影响公司在未来取得成功的那些关键因素。

在我们所分析的案例中，大部分公司是由高管在公司外的某个场地，在连续好几天的一个时间段内，开展这种预想式战略分析。这种做法有3个主要的步骤。第一步需要至少半天的时间来完成，在此期间，各团队的成员构思、撰写文章，记录公司的成功和失败（一个最佳的办法是，让各个团队内的每位成员先自行创作，然

第十二章 及时更新老旧战略：防患于未然

预想式战略分析流程概述

① 工作小组撰写文章，设想5年后公司取得成功（或失败）的情景。

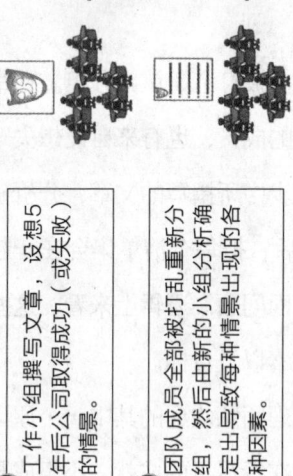

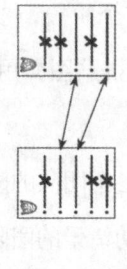

② 团队成员全部被打乱重新分组，然后由新的小组确定出导致每种情景出现的各种因素。

③ 确定两种情景中的共同问题，对这些问题加以监测并投入资源。

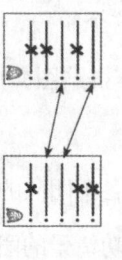

— "在内部的局外人"姿态 —

我们公司的高管已经在一起共事很久了，他们彼此之间非常了解，对公司业务也都了如指掌。将他们用他们的才能和知识，以一种具有创意和有效的方式，对公司的战略做出建设性的批判。"顾问身份"营造出了一种他们是第三方的感觉，这对他们发表意见非常有助益。

规划与分析副总裁
《财富》750强某食品公司

— 做法简述：预想式战略分析 —

高管分别组成团队，设想公司在未来竞争成功或失败的不同情景，记录并分析这些情景所用的战略。这种做法不会让高管有紧迫感，同时也能让团队立即确认出管理层应投入精力和资源的那些关键问题。

实施机制

- 高管留出1—2天的时间来参与这项活动。大部分由高管参与活动的领导人数限定在30—50人。
- 参与人员被分为多个团队，每个团队需要完成一个任务："撰写5年后颂扬我们公司巨大成功的报纸或商业期刊文章"或"撰写5年后报道我们公司惨败的报纸或商业期刊文章"。将每个小组所撰写的文章分发给所有参与者。
- 将承担不同任务的成员打乱重新分组，创建出新的团队。每个新团队对这些文章中关于成功和失败的设想进行分析，辨识出两种情景下的重要问题。推动我们取得成功的有利因素有哪些？导致我们失败的原因是什么？这两种情景清单中同时出现的那些项，这些项所对应的问题至关重要，管理层必须加以关注，并投入资源。

效果评价

- 预想式分析是一种非常有效的方式，它给公司高管提供了机会来披露出公司战略背后那些影响公司成功的关键因素。这种做法有效地均衡了创造力但是这项活动需要耗费一定的时间。单单是撰写文章这一项，通常就需要两天的时间。完成整个活动通常需要两天时间。
- 主持人能让整个流程愉快地顺畅进行，并且能对流程中可能出现的敏感问题加以引导，将会对此活动非常有助益（我们有一份专门从事此类活动的咨询机构及独立从业者名单）。
- 经验丰富的外聘主持人能让整个流程愉快地顺畅进行。

图12.4 预想式分析：通过设想未来成功或失败的情景来查找出关键问题

157

后将每篇文章的精华提炼出来，归纳、整理之后形成整个团队的最终成果）。我们曾经观察到，在此过程中，在这个阶段，参与者的创造力被切实发挥了出来。比如，某家公司要求各个团队制作拼贴图，用拼贴图来展现公司成功或失败情景中的各种主要元素。

在设想完每种未来情景之后，各个团队的成员被打乱，重新分组。在每个新的工作小组内，既有来自先前设想成功情景的团队的成员，也有来自设想失败情景的团队的成员。接着，这些新的工作小组拆解第一步中所撰写的文章，分析确定每篇文章中设想正确（或错误）的"重大押注"。最后，把每个清单集合在一起，加以对比分析，辨识出成功和失败这两种情景中的共同问题。逻辑上来看，这些问题体现的是公司必须严加管理的各种能力、不确定因素以及目标。

正如我们在前文所指出的，这种做法受到管理团队欢迎的其中一个原因是，它非常有趣。撰写文章是一项令人难忘的、实实在在看得见的成就，小组成员可以借此展现自己的各种技能。而这些文章能生动形象地写出战略假设的各种后果，这就让写作活动显得更加重要了。与此同时，这种做法也具有很强的选择性，当各团队整理分析关于公司未来发展情况的正面和负面观点时，一些关键问题就会浮现出来。一位高管指出，这一过程让他的管理团队得以摆脱"当局者迷"的状态，能够用客观的态度来评判公司的发展前景。

从公司内部和外部仔细监测战略假设

在一些成功的公司内，管理团队高度团结，对于这样的公司而言，比阐明关键的战略假设更为棘手的问题是，对这些战略假设做出有建设性的质疑。在商业实践中，各类企业曾多次尝试挑战在公司内部盛行的正统理念，但却都有点出师不利。原因在于这种深入员工队伍，让各层级的员工都对公司战略提出不同观点的做法，通常会在实施过程中变异成为宣泄情绪的活动，或者会导致现有的正统战略理念在整个公司内更加深入人心。

目前最常见的从外部视角来挑战公司管理层所持有的正统战略理念的手法，是代理权的争夺战和私募股权的报价交涉，但这两种机制几乎都不是渐进式地改变管理层的战略假设，而是会给公司带来巨变。

照常理而言，供应商和风投合伙人是潜在的质疑者，本该有效地质疑管理团队的世界观，但他们却常常专注于是否能够成功地与自己的大客户或重要合作方相融合，而不是对其战略的有效性进行质疑。实际上在相当多的B2B企业，与合作伙伴之间在运营层面的整合规划已经取代了多种传统的战略规划活动（这个方兴未艾的停滞因素根源，被我们标记为"依赖于大客户方的战略"）。

我们真正需要的是可靠的、及时的挑战机制，可以在管理层非常看重的某一个假设受到现实情况威胁时，提醒管理层，让他们正视现实情况。亚马逊公司（Amazon）的首席执行官杰夫·贝佐斯（Jeff Bezos）在接受《哈佛商业评论》（Harvard Business Review）采访时，准确地把握到了这一挑战的本质："我们的很多战略都源自非常深刻的观点……当然也可能有一天，现实可能证明其中的某个观点是错的。因此，公司应该拥有一种机制，来搞清楚自己是否理解错了某个曾经深信不疑的规则，这非常重要。"

尽管存在这些难点，我们还是识别出了大型企业的一系列惯常做法，用于帮助公司内部和外部的受众对关键的战略假设进行具有建设性的测试。下面，我们针对公司的内部和外部领域，分别介绍一种常用的测试方法。

设立影子内阁

影子内阁是我们所介绍的想法中最具有新意的，它通过邀请公司内部的年轻员工加入战略制定的商讨过程，从而对公司当前的战略假设提出质疑（见图12.5）。我们注意到众多公司出于各种各样的理由，已经在实施这种机制，比如，用于挑战公司当前的战略、用于培养领导力，或者用于"训练"企业的整体思维能力等。

影子内阁是由高潜力员工组成的一个常设小组，小组成员轮流应邀参加公司管

STALL POINTS
MOST COMPANIES STOP GROWING
YOURS DOESN'T HAVE TO

做法简述：影子内阁

影子内阁是由高潜力员工组成的一个常设小组，小组成员轮流应邀参加公司管理委员会的各种会议。这种做法具有双重价值，既能让管理团队接触到新颖的观点，又能促进低级别的参与者进一步获得发展。

影子内阁流程概述

① 影子内阁会议安排在定期召开的战略委员会会议之前，议程与管理委员会会议的议程（基本上）一致。

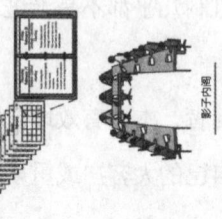

② 影子内阁举行模拟的战略会议，制定向管理委员会会议提交的建议清单。

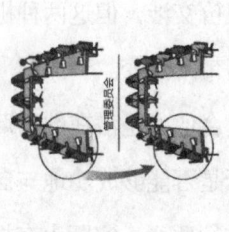

③ 影子内阁成员轮流出席管理委员会的会议，提出建议，参与讨论，汇报影子内阁会议的成果。

实施机制

人力资源部门挑选出6—10名在战略制定或执行方面表现突出的高潜力员工参与影子内阁，为期1—2年。

在这段时期，影子内阁的成员定期召开会议（每年8—10次），会议的步调与公司管理团队的会议一致。

每次会议通常持续两个半天：在第一个半天，影子内阁的成员集合，模拟即将召开的管理委员会会议，探讨管理委员会议将讨论的所有议题，并预演为管理委员会会议准备的各种报告。

在第二个半天，影子内阁的部分成员出席公司管理委员会的会议，在会上分享影子内阁在前一天所进行的审议和所做出的决策。

效果评价

影子内阁是一种极为有效的做法，可以让高管了解到公司内掌握了大量信息的员工的观点，这些内部员工与高管相较而言，更接近市场和客户，并目对公司当前正统理念的认同程度较低。

影子内阁这种做法的另一个切实的好处是，能有效地促进公司低级别的参与者获得进一步发展，让他们得以提前了解到一些观点，否则，他们在自身职业生涯推进很久之后，才会经历这些。

影子内阁这种做法并非所有企业都适用：采用这种做法的前提是公司的管理委员会切实地支持"不惧强权地说真话"，而且也实实在在地加入影子内阁所有的讨论之中。

"特别好的事情"

[影子内阁]是一件特别特别好的事情。它让公司和员工实现了双赢。对员工而言，它提供了一个机会，可以在自己的特定专业领域之外看一看，了解到整个公司的运作方式。对公司而言，这种做法邀请不同层级年轻的新鲜人才，将不同的观点带到了管理层的会议之中，从而帮助公司制定战略。

《财富》250强某制造企业副总裁

图12.5 影子内阁：给管理层的战略讨论注入新鲜观点

理委员会的各种会议。影子内阁的成员通常处于职业生涯的中期，而且往往是主管这个级别职位的晋升候选人。影子内阁的会议与公司管理团队的会议步调一致，通常是在管理团队会议召开的前一天进行。会议议程尽可能地配合公司管理委员会将于次日召开的会议议程，会上由次日会议的发言人向影子内阁简要陈述一遍第二天会议的材料（一次很好的排练机会！），并提供所需的各种后续材料，支持影子内阁进行审议和决策。大多数公司普遍采用的做法是，邀请影子内阁的部分成员参加第二天的管理委员会会议，向管理委员会的全体成员分享自己的讨论和判断结果。

影子内阁这种做法有诸多好处。公司的高管人员往往痴迷于当前的战略假设，他们以战略制定者的身份为荣，但通常离市场和客户最远，而且他们收到的信息是被层层过滤过的，因而像影子内阁这样值得信赖并且掌握真实市场信息的支持者，所提供的观点就极为珍贵。最先向我们介绍这个做法的高管说，她公司的董事长和首席执行官都认为，影子内阁是一件"特别好的事情"。

相较于我们介绍的其他做法，当我们在介绍影子内阁时，高管会立即发自内心地做出反应。大多数高管在听到我们的这个提议时都回应说，这种做法在他们公司内永远行不通，他们会说："我们公司管理委员会的议程太机密了，""我们公司的管理团队太不耐烦了，"或者会毫不掩饰地说，"这看起来工作量太大了。"是的，这种做法并非"放之四海而皆准"，这一点我们完全认可。而实际上在我们拜访过的一些公司里，在董事会会议上直白地谈论公司战略的缺点无异于一种自毁前程的行为。所以说，如果这种做法所要求的坦诚在公司内只是徒有其表，公司实际上并不支持年青一代开诚布公的话，这样的公司就完全不应该考虑影子内阁这种做法。否则不仅达不到预期的效果，而且对于参与人员的士气而言，肯定会是打击大于鼓舞。

邀请风险投资家参与战略审查

邀请风险投资家参与战略审查，是让公司外部人员对公司的战略假设提出质疑的一种惯常做法（见图12.6）。在这个过程中，管理层邀请一位合格的风险投资家参加公司的专家组会议，对业务部门的战略和投资进行审查，风险投资家应邀在会上从外部市场的视角发表观点，探讨投资提案中的潜在缺点。这种做法不仅可以让业务部门经理从风险投资家的质疑中学到实质性内容，而且风险投资家所发表的以投资回报为重心的实用观点也会让他们受益匪浅。

这种做法在开始实施时有一个明显的难点，那就是挑选确定的这个外来方不仅要具备足够的专业知识，能为会议谈话带来价值，而且要足够"安全"，可以被公司信任（在当前环境下，来自私募股权公司的代表一般都能达到第一个要求，但非常不幸的是无法满足第二个要求！）。引起我们注意到这个想法的那家公司，当时已经确定了一位风险投资家，正与之展开合作，双方因而已经开始在运营层面建立起信任关系（事实上与企业投资人不同的是，风险投资家习惯于进入其投资的公司董事会任职，因而请他们参与企业合作伙伴的战略审查会议，通常来说并非勉为其难）。

相比之下，风险投资家往往会让企业合作伙伴大开眼界。风险投资家从外部的视角，针对公司所做的关于市场、客户和竞争对手的各种战略假设，当场进行压力测试，这让公司的例行流程有了紧迫感，提高了效率。风险投资家在考虑投资提案时的视角也与企业经理人截然不同。对风险投资家而言，每一项投资决策都是一个待选项，而不是一揽子的审批，而且风险投资家会很自然地倾向于对资金申请把关，在实现重要的阶段性投资节点目标之后，才会进一步追加额外资金。风险投资家的常见做法是按季度而非按年度来给予管理团队自由运营时间，条件是管理团队要根据具体的议程安排来取得进展。

这种做法的最大好处是风险投资家的方法特别完善，如果公司在初期的会议中派专人记录下风险投资家用来收集信息所用的所有问题和策略,那么基本上就可以捕捉到这种方法的精髓,以备后面再次使用(见图12.6)。我们所采访的那些会议在结束之后,风险投资家的影响依然在发挥作用。

所有这些做法都有助于企业阐明战略假设并对其进行压力测试,但都需要付出努力。有些做法会存在一定的(实际的或感知的)风险,因而也并非所有企业都适用。但是,这些做法都可以揭示出公司战略背后的假设。在下一章,我们将进一步介绍并探讨如何随着时间推移来监测各种假设,从外部环境的各种噪声中辨别出停滞来临前的预警信号。

STALL POINTS
MOST COMPANIES STOP GROWING
YOURS DOESN'T HAVE TO

风险投资家的评审路线图

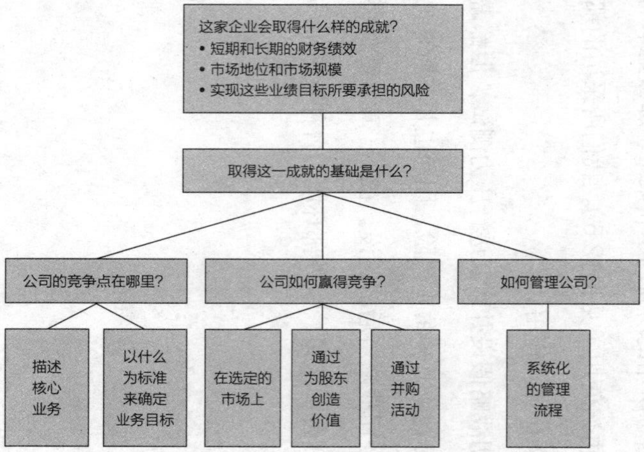

这家企业会取得什么样的成就？
- 短期和长期的财务绩效
- 市场地位和市场规模
- 实现这些业绩目标所要承担的风险

取得这一成就的基础是什么？

公司的竞争点在哪里？
- 描述核心业务
- 以什么为标准来确定业务目标

公司如何赢得竞争？
- 在选定的市场上
- 通过为股东创造价值
- 通过并购活动

如何管理公司？
- 系统化的管理流程

做法简述：风险投资家参与审查战略

管理层邀请一位合适的风险投资家出席公司的战略审查会议，探究各种投资提案的潜在缺点。这种做法能在会议当场就对战略假设进行实时检验，同时也能让管理层了解到"所有者"在"自己"资金的可能支出去向上，对效率和实用性是如何考虑的。

实施机制
- 管理层从风投公司或合作伙伴的名单中挑选一位合格的风险投资顾问，请该顾问在了解战略后就公司战略提出意见（挑选顾问的标准为：行业经验、行业投资经历、高质量的信息筛选方法）。
- 双方签订保密协议，风险投资顾问应参加战略审查会议，带头向业务部门经理提出问题。
- 将风险投资顾问对管理层提出的问题和质疑纳入最终的战略总结和投资提案中。
- 将风险投资家所提出的问题进行归纳整理，汇集成一个结构化的挑战方法。在会议结束后继续沿用。这样做的目的可以表达为"充分学习风险投资家的方法，以便我们可以独立应用这些方法"。

效果评价
- 先行采用这种做法的企业反映，风险投资家提出的问题和采用的方法为自己（以前）的例行审议流程带来了新鲜气息，增添了紧迫感，提高了效率。
- 私募股权公司当前在市场上很活跃，这种做法能帮助企业及时地了解这些私募股权在投资大型公司之前是如何加以考量的。
- 各公司管理团队可以利用风险投资家与本公司研发部门或企业规划部门之间当前良好友好的"喂养"关系，来从中识别并确定潜在的合作伙伴候选人（但切记要让他们签署保密协议！）。

细网筛

风险投资家的伟大之处在于，他们会知道仅有1/10的构想最终能存活下来，他们训练有素，有能力识别那些将短命的计划……将计划提案提交给风险投资家进行审查，会让使我们针对其中的每一个方面都详加思考并回答各种十分尖锐的问题。

《财富》250强某电子器件制造企业
公司战略主管

图12.6 风险投资家参与审查战略：向战略审查注入"企业所有者的声音"

第十三章
利用好路标和路绊：定航向，绘蓝图

只有在管理团队掌握了补充活动，得以持续监测战略假设的情况下，对核心战略假设的阐明和测试活动才能对企业起到持续的指导作用。如果只单纯地对战略假设进行阐述，那就只会根据是否相信某个假设将高管区分为不同的派系。所以，企业要想针对各种假设展开积极的探讨，就需要依据来自外部的客观事实，在数据的基础上展开讨论，以数据为基础来制定解决方案。

组织架构导致管理层与市场现实情况脱节

《财富》100强规模的公司显然都会有精心安排的、经验丰富的职能部门来跟踪了解重大的外部发展情况。但令人担忧的是，在这些企业的组织架构中，对市场的感知职能（诸如市场调研、竞争情报收集、销售人员的电话营销报告等），与管理团队之间的距离一直在加大。作为战略实践行为的持续观察者，我们总是惊讶地看到，在大型企业的组织架构中，市场情报的直接收集机构与战略制定者之间是脱节的。这通常是因为企业收集到的时效性最强、最真实的市场情报，仅仅是被公司的销售部门用于制定战术。

大型公司惯常倾向于把市场调研工作分散到各个业务部门，本意是为了更快地响应公司内部客户的需求，但这反而让"远离现实情况"的问题变得更为复杂。某大型信用卡公司的经历就是一个典型的例证。在为内部客户服务的宗旨推动下，该公司的市场调研职能极为分散。市场调研主管多年来眼看着"项目满意度"和"整体满意度"这两个关键指标之间的差距越来越大。随着市场调研时所用的问题越来越精确地对准具体项目（"项目表内的差异与客户满意度之间是什么关系？"），内部客户对具体调研项目的满意度不断攀升。而随着市场调研活动本身在企业内的可见性及其对企业整体的影响力在消失，内部客户对调研职能整体的满意度逐步下降。由此可见，在为这些用于了解市场情况的重要职能部门安排工作日程时，公司内部客户的满意度并不一定是最佳的指导原则。

战略审查模式不能及时适应市场的"变化速度"

对关键战略假设进行压力测试的第二个难点在于，竞争环境的变化越来越难预料。在大部分大型公司，管理团队理所当然地认为客户行为、竞争对手的能力，以及市场发展的变化轨迹在一定程度上都是可以预测的，于是管理团队的这种预期就为自己设定了节奏，从而形成了每年度或每半年度对市场环境审查一次的惯用模式，并会同步来启动战略制定流程。然而在以上每个领域中，非常态的变化正迅速成为一种常态：技术的发展周期大幅度缩短；客户行为模式会突然偏离"临界点"；意外的进入者带来颠覆性的新商业模式，破坏了众多成熟行业内的竞争平衡。尽管大型企业已经认识到了这些发展变化，但"不管需要与否，每3年"一次的战略审查模式却依然存在。

当然，大型公司对此也有相应的对策，其中一种被广泛采用的方法就是按需制定战略，也就是说，在问题出现并变得严重时，根据需要来制定战略，解决问题。过去几年里，快速响应式的各种战略制定方法大量涌现。它们努力取代预先安排好的、例行的战略管理活动，围绕市场需求来采取行动，鼓励管理层关注市场变化，围绕市场变化来调动资源。这些方法旨在提高战略实施的实时性，这一点值得称道。但它们过于关注如何对眼前的市场事件做出反应，而不是提醒管理团队去注意那些预示其战略假设存在问题的关键预警信号，因而这些方法也存在危险性。

构建事实性指标体系，树立管理团队的主人翁意识

大多数企业通常在战略制定的两种组织方式之间来回更换，一种是隆重的、定期的（有时是例行公事的）战略审查方式，另一种是临时的、"应急式"的战略制定方式。而有些大型企业已经行动起来，着手构建更连贯的流程来监测关键的战略假设。这些流程综合了传统定期战略审查方法的连续性和一贯性，以及按需制定战略方法的实时性和反应性。两个关键的要素让这些流程备受称道。

第一个关键要素是事实性指标体系。该体系使得针对关键假设的监测工作不再是围绕假设进行争论并发表不同的观点，而是根据客观现实的变化情况来对假设进行衡量。这些指标体系是很好的办法，它们为每条假设设置路标，即可衡量的现象，从而根据这些路标来验证管理团队共享的重要理念是否有效，是否支持公司当前的战略方向（见图13.1）。

我们以某家零售银行揽储战略的路标来举例说明。该银行的战略是通过其支行来推动储蓄业务，战略所依据的假设是客户所认为的便利性（它决定了客户的渠道使用模式），以及客户在使用网上银行时的自在程度。所以，这个战略所依据的具体假设为：在高余额的客户看来，便利性就是"附近有银行的营业网点"，他们更喜欢面对面地办理银行业务，互联网交易的方式让他们感觉不那么自在。诸如此类的假设可以被分解为与客户行为和市场统计数据相关的各种路标，比如，采用不同业务办理模式的客户的余额水平、个人电脑的拥有率和家庭宽带的接入率、网络银行业务办理舒适度的提升水平等。这些路标最终都可以通过设定路绊（警戒线）来进行监测，目的是提醒银行管理层注意客户行为的重大变化：我们的高余额客户每周通过电话来进行的交易是否已经开始超过两笔？在这个细分市场中，客户每月到

做法简述：构建竞争破坏模型

这种结构化的方法通过创建基于角色的具体情景，来查找识别那些容易出错的战略假设。这些情景对行业内可能发生的颠覆性行为进行模拟，以帮助企业抢得先机。该方法非常实用，便于操作，能帮助企业及时做好准备，对行业内的动向进行直接的和持续的监测。

实施机制

- 由战略团队设定4个近期内（3—5年内）可能会发生的情景，在每个情景中，分别假设行业内的某一方（供应商、竞争对手、颠覆性的新进入者、顾客等）颠覆当前的竞争平衡，“改变游戏规则”。
- 由管理团队阐明每个情景所隐含的意义，重点强调当前同行企业可能会采取的战略和可能会转换的定位。
- 公司利用这些情景来测试自己当前的战略行动组合是否充足。在测试中使用稳健性计分卡对当前的战略行动做出评价（见示意图）。根据测试结果对资源的分配和整体布局做出调整。
- 对这些情景的发生概率进行持续监测，并定期向公司管理委员会汇报最新的进展。

效果评价

- 与传统的情景规划流程截然不同的是，竞争破坏模型所设定的情景更贴合实际，关注点也更加直接。
- 这些特性使得在竞争破坏模型中所设计的各种情景得以转化为持续的运营活动、战略审查活动，以及持续的“路标设置”活动。
- 虽然这种做法可以由咨询公司作为重点咨询服务来实施，但若由公司自己对各情景的发生概率进行持续监测及测试的话，会产生极大的作用。

战略行动稳健性计分卡

战略行动	供应商	竞争对手	新进入者	顾客	总计
用于强化核心业务的领导地位					
战略成本管理	5	4	2	5	16
一对一营销	2	1	2	3	8
有针对性的行动	4	2	4	1	13
用于拓展邻接业务机会					
财务结算的方式和流程					7
客户关系管理					15
产品和服务内容的领先性					19
用于应对行业内的发展变化					
代理收益的管理情况					9
出行套餐服务的更新情况					11
总计	29	23	14	34	

公司管理委员会分别在4种情景下，从战略的3种“维度”，来评估不同行动组合的稳健性。

计分标准

5 前景非常好
4 合适的
3 不明朗
2 较弱
1 风险很高

“一个思考世界的框架”

我们发现，这些情景和跟踪工具可以帮助我们有效地管理周围混乱无序的环境。许多客户和业务合作伙伴之所以选择跟我们合作，是因为我们有清晰的愿景，对当前形势也有清晰的认识。我不得不说，这很大程度上是得益于这些场景为我们提供了一个思考世界的框架……让我们懂得了要如何来增加股东价值。

战略规划主管
《财富》750强某服务公司

图13.3 构建竞争破坏模型：让情景规划更接近于现实情况

阐明，企业得以关注到竞争对手最可能采取的最具颠覆性影响的那些举动。各业务部门在考虑潜在对策的过程中，将就供应商、现有竞争对手，以及客户细分市场等可能发生的变化形成务实可行的观点。企业据此可对当前战略行动的"稳健性"进行打分，并且在可能的情况下，调整资源来应对行业内最有可能发生的颠覆性竞争行为。

这家大型企业在应用这一流程时，设计了"对抗游戏"来引导自己积极地采取各种切实具体的行动，比如，有针对性地进行收购和合作，以及在某个遭遇到极大"破坏"的期间，紧急推出预先计划好的成本削减计划。对于新进入者正在跨越模糊不清的行业界限的那些行业而言，企业在行业竞争中取胜的做法通常是"颠覆性创新"，也就是利用科技创举来进行成本竞争，但是，构建竞争破坏模型的这种做法，也能达到同样的竞争效果。

借助互联网来设置路标

有一家大型企业采取了更为积极的方式，让所有员工都行动起来，对那些可能会影响到公司战略有效性的关键因素进行监测。我们将这种做法称为借助互联网来设置路标。它是利用公司的内联网，从整个公司范围内收集所选的一系列问题的信息和情报（见图13.4）。这种做法极大地扩展了关键问题的信息来源范围，同时也使得针对关键问题变化速度所做的判断更为民主化。

在我们首次接触到这种做法的那家科技公司内，是由规划部门从业务部门的战略中提取出各种关键假设，将其转化为各种用于监测的可以观察到的现象；接着，把这些现象作为"路标"发布在公司内网的门户网站上，每个"路标"网页对应一个问题；然后，为每个路标指定负责人，由负责人为这些路标添加新的信息、确保它们定期得到更新，并与最新的内外部信息来源相关联。路标责任人同时也负责定期编制"交通信号灯"报告，提醒管理层注意重大的发展和变化情况。

有的企业内部有多个对外职能部门，这些职能部门能在第一时间观察到战略假

STALL POINTS
MOST COMPANIES STOP GROWING
YOURS DOESN'T HAVE TO

设置路标网页示例

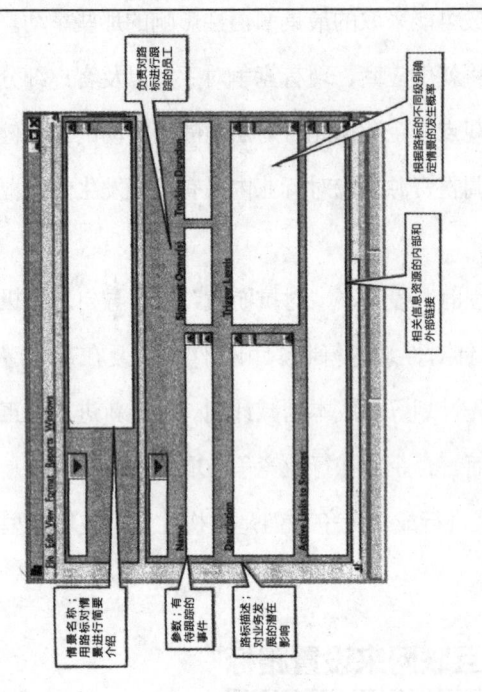

（网页示例图，包含以下标注：）
- 情景名称：用路标对情景进行简要介绍
- 参数：有传信号的事件
- 路标状态：对业务发展的潜在影响
- 负责对路标进行跟踪的员工
- 根据路标对不同经历定期进行关注概率
- 相关信息资源的内部和外部链接

做法简述：借助网络来设置路标

这个内联网系统通过跟踪可进行衡量的外部事件，来验证公司各种战略假设所依赖的有效性。这种做法对实施成本相对较低，尤为适用于那些快速变化的或周期性的行业。

实施机制

- 由战略规划团队将公司的战略和业务部门的战略分解为关键的假设和重要的路标，即可加以衡量。能验证关键战略假设有效性的即象或事件，可根据公司当前的战略假设来设置路标，也可根据公司所监测的各种情景的预警信号来设置路标。
- 将这些路标输入到公司内联网的门户网站上。在查看这些路标时，来自业务部门、职能部门以及管理团队的人员分别拥有不同的访问权限。
- 由责任人负责对网站进行持续更新，增补与跟踪相关的内部或外部数据来源的链接，并标记路标或限定所开发生的重大变化。定期进行审查和回顾（编制"交通信号灯"监测报告，对路标进行重新界定），这种做法有助于确保公司注意到重要变化，并采取相应的行动。

效果评价

- 这种做法能极为有效地推动公司员工积极参与到战略的研讨活动中。只需要投入较低的成本，管理层就可以提高重要员工对关键战略假设的理解和认识，从而能有效地让更多的员工对战略假设进行持续的监测。
- 对于分权管理战略的企业而言，这种做法尤为可取。在这类企业中，监测和应对商业环境变化的责任人高管遍布于公司各处。
- 倘若企业发现难以让情景规划"贴近现实情况"，那么就可以借助网络来设置路标，从而提高情景规划活动的感知价值。

战略管理是一个持续的过程

人们认为自己一旦制定了某个战略，就可以一直依赖于这个战略。他们忽视了战略执行过程中的种种艰巨工作，比如，设置情景，设置路标和触发事件、跟踪触发事件、以及最终采取相应的行动。如果你最终不对触发事件进行跟踪并采取相应的行动，那么创设情景也就毫无意义可言。

《财富》500强某电子器件公司战略转换顾问

图13.4 借助网络来设置路标：让全体员工都参与到对商业环境变化的监测中来

设的重大变化，但它们在组织架构上（以及心理上）距离战略制定流程过远。对于这样的企业而言，这种做法尤为有效。在我们观察到这种做法的那家科技公司内，这种做法使得整个公司对于战略的探讨更加深入，参与战略讨论的人员范围也更加广泛。

我们在前一章提到，战略专业人士极为关注我们此处所介绍的这些内容。他们坚信必定存在某种方法，在不会导致企业发生停滞的情况下，能改变公司的基本理念（管理团队的战略假设）；必定存在某种结构化的方法，能系统性地逐渐改变公司高管们的心智模式。感谢所有为本研究提供创新想法的战略师，同时也希望读者能从以上简要介绍的做法中，找到适用于自己企业的、可以效法的有用模型。

第十四章
责任切实到人：逐步落实增长战略

我们前面已经看到，增长停滞的后果极为严重。即使那些最受人推崇的公司，也会由于增长停滞而一蹶不振。增长停滞给它们造成了巨大的财力和人力损失，以及无法磨灭的影响。一旦增长开始出现停滞，公司恢复增长的概率会随着时间的推移而大幅降低。但若我们付出努力来避免增长停滞的话，将获得巨大的积极回报。鉴于此，本书所倡导的各种活动和举措非常值得在公司已经满满当当的管理议程上挤占得一席之地。

令问题更为紧迫且尤为让人担心的是，所有迹象都表明，大型企业在未来一些年内出现增长停滞的风险越来越高，而且既有商业模式在当前环境中的半衰期越来越短。在这样的情况下，若企业及早发现变化，并及时采取应对措施的话，所获益处将会成倍增加。我们在第十二章和第十三章所介绍的各种做法可帮助企业提升预警能力。比如，设置路标和路绊（警戒线）的做法，能提醒企业当前的战略假设是否会脱离现实情况，并能在企业内部消除阻碍员工对战略进行认知的那些等级和边界。此外，这些做法也可推动形成结构化的战略研讨活动，帮助管理团队不断测试自己的世界观是否依然正确，尽早发现并纠正那些错误的关键假设，从而避免触发增长停滞。

该由谁来负责对战略进行压力测试

对公司战略进行压力测试是一项敏感的任务，管理团队成员关于战略假设的理念一致且根深蒂固，低级别的员工又不太靠得住来做这个事，所以，在公司内究竟应该由谁来负责这项工作呢？在我们看来，最理想的人选就是强有力的战略部门。战略规划部门的工作职责是为企业制定战略、为企业设定发展愿景、进行战略规划，以及提供内部咨询服务，它具有必备的特权和特定的视角，因而能极好地开展这项工作，对战略实施压力测试。我们在过去数年内调查并记录了众多战略部门使命的变化趋势，结果显示，管理团队都希望确保自己的战略团队拥有清晰的职责以及相应的资源，以便领导展开这项工作。

为了尽可能地提高效率，战略职能部门需要管理团队额外提供两种支持。首先，管理团队需要与战略部门共同努力，将战略假设的监控和测试纳入企业整体的运营体系和日常工作中。其次，管理层应当邀请董事会成员切实参与到这项工作中。虽然这种做法会削弱董事会过去一些年以来正在形成的监督及关注模式，但我们认为，董事会成员应当将对战略所进行的挑战和质疑视为其风险管理工作的一种重要形式，而不是对管理层正常工作领域的干扰。

尽管我们也想对所有的角色和职责都进行具体确切的划分，但我们认识到，应当由组织的结构和文化来决定如何安排增长战略的管辖权。本章将介绍一种由我们自主设计的基本诊断方法，以帮助管理团队做出正确的决策。相信这项活动对于所有关心停滞风险的企业而言，都可作为风险预防工作的一个出发点。本章也会探讨各种机会，以便让管理团队和董事会将战略假设的监控和测试流程嵌入整个企业的工作流程。

诊断活动的第一步：对停滞来临前的"预警信号"进行测试

管理团队应当从哪里着手，来诊断自己企业是否容易出现增长停滞呢？第十二章和第十三章所介绍的做法对高管人员的时间要求相对较低，但若要达到预期目的，就需要高管层对这些做法"全心全意"地大力支持。而我们发现，很多企业在这方面既无资源投入，也无相关的意识。所以，对于这类企业的管理团队而言，首要的任务就是对企业收入增长的健康状况进行全面检查。

附录3的自我测试题目总共包括50个"预警信号"指标，可用于检查企业收入增长的健康状况。这些指标覆盖了公司的7大职能领域，可用于企业进行自我诊断，以确认是否需要进行更大范围的检查。在对停滞案例进行研究后，我们提出了问题："在遭遇停滞的公司内，领导人可以从市场、竞争对手的行为，以及公司内部的做法中，发现哪些线索，从而提前警觉到停滞正在逐渐逼近？"由此，我们编制了这套预警信号，这些信号中的一部分是大部分管理信息系统都可以提供的经验性指标，还有一部分是需要公司内的相关职能专家来回答的主观判断问题。该流程能对初显端倪的增长停滞现象发出预警，同时也能揭示出管理团队所持有的关键战略假设是否相互冲突。

比如，财务指标的主要目的是检测在企业内，有机资源推动的收入增长与收购行为推动的收入增长之间的关系是否均衡健康，以及收入增长率和收益增长率之间的关系是否相适宜。而关于战略的问题，则旨在了解企业在战略制定上的资源投入水平和投入力度，以及对市场和竞争对手的定义有无歧义。

市场营销及其研究领域的预警信号指标，旨在探讨公司是否经常对客户细分市场的相关方案进行验证，验证是否充分，以及每个细分市场对制定战略所依据的产品和服务属性的看重程度有多少。就销售团队而言，这些指标将帮助他们感知在核心市场规模和顾客行为中潜在的那些危险变化，以及潜在颠覆性竞争对手的商业模式变化。关于人力资源的预警信号指标，旨在揭示对当前战略有重要影响的能力，以及对未来发展至关重要的能力，它们之间正在显现的脱节情况，同时对在高管层中推行内外人才兼具的混合型管理团队的情况进行评估。

针对产品研发和创新管理领域所提的问题，旨在探讨公司依靠迭代创新来维持定价溢价的做法是否有效，以及公司在产品改进上的投入和在新产品平台上的投入是否均衡。最后一个是与董事会相关的预警信号指标，旨在测试董事会成员对公司战略风险管理工作的参与程度。

如前所述，这个预警信号测试是一个开端，之后应当不断展开更为深入的工作，对战略假设进行阐明和监控。企业可根据需要和实际情况，在业务部门层面，或者在整个企业层面，对这些问题展开测试。

将假设的监测工作嵌入整个公司的工作流程之中

要切实防范增长停滞，不能仅仅依靠前面所介绍的自我测试这样的一次性诊断活动，公司的管理层还必须就此不断地进行相关商讨。因此，对假设的监控和测试不能只是偶尔在公司外组织一下的管理活动，而应当被嵌入企业的核心运营流程和日常工作中。这就要求公司内各个级别的部门经理都必须在商讨中发挥领导作用。

我们在介绍中曾指出，高管和职能部门的经理并非天生就具有对当前战略进行质疑的能力和学识。这也在某种程度上反映出，管理层的战略管理技能在衰退。哈佛商学院的克莱顿·克里斯滕森教授观察发现，管理团队越来越精于那些常规的工作，比如，制定并实施年度运营计划，而对于非常规的战略制定工作（这些工作通常会被外包）却越来越不在行。造成这种现象的原因之一在于，管理团队的职责要求他们负责为企业制定一个愿景，然后依照这一期望的状态来规划运营步骤，逐步实现这一愿景。这就导致管理团队日程繁忙，极少有正式的机会来思考并质疑愿景和计划之间是否持续相关。

也就是说，仍然有很多机会能让管理团队将对战略的挑战工作嵌入公司的工作流程，并融入各级员工的工作职责之中。虽然不同企业的切入机会有所不同，但我们仍然发现了以下3种普遍适用的机会。

1. 将针对战略的挑战切实纳入运营计划的审查工作中。 要让业务部门的管理人员了解到参与战略挑战的重要性，最好的办法就是公司管理层在审查年度运营计划时，将重心放在针对战略的挑战上。但貌似很难做到这一点。原因在于，目前几乎所有的计划模板上都包含"假设与风险"部分，但对计划制定过程熟悉的人都知道，这个部分存在几个问题。首先，这部分所呈现的信息往往局限于"安全的"、不会引起争议的数据，比如，宏观经济数据和其他规划假设等。其次，即使这一部分列出了风险，也往往都是浅显的、"可控的"风险，如内部执行风险之类，而不是关于客户或竞争对手等方面的更基本的问题。此外，在大多数的模板中，"假设与风险"这部分内容通常被放在最后面，因而在对计划进行汇报时，对这一部分内容的审查通常会被敷衍了事。

管理团队可以切实鼓励业务部门经理对所做计划的主要风险进行系统的思考，并对其坦率地进行汇报。管理层可从上文所介绍的预警信号诊断方法出发，来查找公司外部和内部所存在的主要不确定性。此外，管理层可对计划的审查流程进行重新安排，优先进行风险分析，这将有助于传递出信息，表明管理团队非常重视"假设与风险"这部分内容。我们采访过的一位战略负责人甚至建议，由管理团队组织各业务部门进行竞争，评选出各种奖项，比如"对战略假设的审查最彻底"奖、"所质疑的计划假设数量最多"奖、"所提出的问题难度最大"奖等。

2. 将假设审查提升至管理层的日程安排中。 在年度运营计划审查中对战略进行质疑的另一种方法是，在管理团队的日程中将对于假设的审查和挑战列为特别事项。很多管理团队会在公司以外选择一个场地来召开人力资源或预算的年度审查会议，所以管理团队也可以在将预警信号的诊断流程作为一个契机和指引方向的情况下，利用这种方式来定期地召开战略假设的审查会议。

这种方法的好处很多，其中最大的优点就是可以为高管层提供一个可以坦诚交流的"安全空间"。这项独立的专门活动仅限于管理团队的成员来进行，因而可以为其建立具体的规则和规范，鼓励他们通过坦率地探讨来寻找正确答案。此外，若将按年度来审查战略假设的这种流程列为年度流程，就可以有效地推动企业指派专人来轮流负责关键的战略假设，从而深化关键假设在全体员工脑海中的记忆，避免各职能部门和人员的观点僵化。

3. 让参与管理者培养计划的员工将重心放在对于战略的挑战上。大多数企业都有管理者培养计划，这个计划的参与者是对公司战略展开"越级"挑战的理想人选。这些人员非常适合这项活动，原因是他们对于公司未来的成功极为重要，但却并不是公司当前战略的制定者，因而他们能够对当前的这些战略客观地加以分析。这些参与者对企业而言具有很高的价值，所以他们对于当前战略的批评和担忧通常能获得高管人员的注意并让他们受到尊重。

管理团队让这些人参与到对战略的挑战中还有一个好处，就是可以避免下一代管理层丧失自身的领导力。管理团队邀请高潜力员工对当前战略进行反省并发起挑战，并发出了一个强有力的信号，那就是，当前的商业环境日新月异，未来高管可能需要在职业生涯中更频繁地修订战略和商业模式。

第十二章中所介绍的阐明战略假设并对其进行测试压力的那些做法，是管理者培养计划可加以效仿的有力模型。"核心理念识别小组"和"预想式战略分析"这两种做法尤为适用。"影子内阁"也值得加以考虑，因为它所针对的正是下一代的管理新秀。

明确战略部门的职责

在本章开始我们提到，战略部门是组织战略挑战活动的理想部门。正如对公司战略见解深刻的观察者所指出的，战略规划流程本身并不一定会产生战略。战略制定有时是由首席执行官和几个关系亲密的顾问在私底下秘密地逐步进行的。因而用一位近距离观察者的话来说，企业的战略规划流程的真正结果只是让人"做好制定战略的准备"。我们极为赞同这种观点，实际上我们认为在大型企业内，制定战略应当是战略师的重要职责。公司战略师的核心任务，是调整管理团队的议程，因而对于战略假设的监测正应该由战略师来负责。不管战略部门承担其他什么职责，其核心责任和首要工作都应当是预防增长停滞。

任期限制与资源调配阻碍了战略部门履行职责

我们在过去10年间跟踪了解各公司战略部门的具体情况时，注意到了一些实际性的困难。第一个难点，是公司最高级别战略官的任期越来越短。我们的会员中有数百位来自各大公司的战略师，这些公司大部分是跨国企业。在过去10年间，通过与这些会员的互动沟通我们观察到，专职的战略专家正在逐渐减少，而轮值这个岗位的高管正在相应增加。我们的定期调研结果也证实了这一点。在我们所调研的企业内，48%的首席战略师的在职年限都不到两年，在少数长期任职者拉动下，战略师的平均任期也只有2.9年。

这就说明在我们所研究的这10年内，战略师的任期在缓慢缩短，而且这也明显反映出，战略岗位通常被视为高管人员的一个职业发展机会。但从战略假设的监测角度来看，以及考虑到大型公司进行战略审查的频率（大部分大型公司大约每5年进行一次），专职战略师的减少及其任期的缩短就令人感到忧心。显然在大多数大型公司内，极少有战略负责人能经历一次以上的重要战略审查流程。

第二个难点，是大型企业正在逐渐将战略管理工作下放到业务部门。我们对企业战略工作的跟踪研究显示，大部分企业正在逐步将关键的战略工作从集团中心转移到业务部门。业务部门更接近市场，也具有主人翁意识，因而这种转移完全可以理解。但与此同时，这种转移也让本就稀缺的战略资源雪上加霜，将战略资源从不太紧急的长期战略管理活动，转向以客户服务为重心的业务部门（我们的调研显示，在市值200亿美元的企业内，战略职能部门通常只有四名成员。要让公司配备更多的人员一般很难办到，但这么点人员配置似乎也太寒酸了）。

第三个难点,是战略规划活动不再是稳定可预测的年度审查会议,也不再每五年进行一次大的调整和更换,而是变成根据需要来临时组织的活动。从积极一面来看,这样可以快速地调动资源,让管理团队得以关注到市场中出现的新情况。我们看到,这种做法在有些企业非常有效,我们也对其赞赏有加。但与此同时,若企业内没有强大的中心战略部门来加以均衡,那么管理层降低成本(包括直接成本和管理人员的时间机会成本)的倾向就会变得不可抑制,从而导致进一步削减本来就只够满足基本需要的战略部门人员,转而寻求按次进行的咨询服务来将战略成本支出转变为可变成本。

鉴于以上所有这些倾向,显然就完全有必要委派战略部门来负责监控未来收入增长问题的预警信号,并阐明和监控关键的战略假设。但是,这还远远不够。当我们在企业内寻找适合担此重任的支持者和盟友时,发现除了董事长、首席执行官这样长期有力的倡导者之外,还有一个新的、可能更为强大的支持者:董事会。

董事会在战略风险管理中的作用

自2002年《萨班斯-奥克斯利法案》(Sarbanes-Oxley Act)通过以来,麦肯锡公司关于董事会活动的谈话在情感和言辞上明显地绷紧了,用它的话来说,"是时候做出改变了"。公司治理顾问也已经普遍改变了说法,认为上市公司的董事会必须拓展自己的角色,不仅要约束管理层的权力(并且对合规问题做最后把关),而且也应当更为深入地参与到公司的战略管理工作中。这在一定程度上是源于他们看到在一些著名的上市公司内,董事会处理基本战略问题时特别的混乱无序(迪士尼公司和惠普公司在这一点上尤为明显)。当董事会成员在公司的战略方向上产生分歧时,董事会下设的所有具体分委会就都一个个地变成了小型的战场。

从更宽泛的视角来看,上市公司董事会之所以希望能更为深入地参与战略管理工作,是因为私募股权公司内部人员的目标一致又纯粹,这令它们羡慕有加。众多观察者都已经注意到,如若董事会成员不仅仅只是间接地承担受托责任,而是以更强的主人翁意识来直接参与制定战略，那么其所在企业就会具有竞争优势。

我们建议在政策上和管理上对此问题进行补救，把一些重要的权力归还给首席执行官，由其来挑选董事会的提名人选，从而使得所创建出的董事会在战略管理工作方面具有更深刻的经验和更强的凝聚力。麦肯锡公司在对各大公司董事会的活动进行调查后指出，在当前的商业环境中，仅有不到1/3的高管人员认为自己公司董事会的成员充分了解公司的战略。在众多的外部压力（公司内部和外部人员的平衡、多元化、审计经验等）之下，董事会已是"充斥着不那么能干的人"。

虽然从公共政策的角度来看，允许首席执行官来挑选董事会成员的这个建议听起来并不可信，但上面的观点还是颇具说服力。而我们认为，上市公司的董事会即便不参与战略制定，也可以深入地参与到战略管理中来。它的第一个明确责任，就是确保公司实实在在地拥有一个周到、缜密、逻辑清晰的战略。董事会的第二个明确责任是，确保公司最高管理层的绩效管理评价指标和薪酬体系不是由短期的财务指标决定，而是与战略的执行相挂钩。

而董事会能够最深入地参与到战略管理工作中的领域，可能还是本书第三部分所介绍的内容：对管理团队所做的基本战略假设进行系统的、持续的压力测试。虽然战略管理岗位的人员可以构建预警信号的评价指标并实施最佳的实践做法，从而查找并阐明这些具体的基本战略，但他们还是需要盟友的支持来确保这种考量能够真正地融入公司的决策之中。如果上市公司董事会将风险管理作为自己不可推卸的、首要的、最大的责任，那么有关增长停滞的风险问题必然就会在管理日程中上升为首要的议题。

第十五章
摆脱停滞泥潭

收入增长停滞是战略性的态势，它们在大多数情况下，都处于管理层的可控范围之内。因而我们认为，如果管理团队了解一直以来重复出现的失败模式是什么样，知道怎样让其背后的假设显现出来，并且也掌握对这些假设进行压力测试的做法的话，就可以降低重大转折点在其企业增长轨迹中的出现概率，或者至少可以降低停滞的强度和持续时间。如果管理层对战略假设进行监测并保持持续关注，其所在企业的战略将得以不断发展，增长期也将得以进一步延伸。

但如果企业发现自己已经陷入停滞状态，收入增长曲线已经趋平，管理团队对战略控制犹疑不决，甚至是束手无策时，应该怎么办呢？当在飞行途中遭遇失速的状况时，训练有素的飞行员会本能地采取4个步骤来恢复控制，继续飞行：第一步，重新定向，拉低机头，以重新获得控制；第二步，增加递增电压，加大拉升力；第三步，修正水平平稳飞行所需的所有控制参数；第四步，修正航向。

正陷入停滞的公司，犹如在贴地飞行时陷入失速的飞机，因而在让其恢复增长时，步骤与上述对于失速飞机的操作大致相同。那些从严重的增长停滞中成功恢复过来的企业，首先是重新投入原有的核心业务，重新调整核心业务的方向。然后，逐步地探索邻接业务领域，来为收入增长增加动力。在这一过程中若有必要的话，大幅调整核心业务模式的"修剪"方式。最后，靠拢与核心业务相关的那些机会，重新设定增长路径。

有一部分公司在增长出现停滞之后，得以重新起步，再次获得了持续的增长。我们对这些公司的复兴战略进行了分析。为了帮助那些目前正在努力地与停滞做顽强斗争的管理团队，本部分将对我们的分析结果加以介绍。在此我们的意图并非过于深入地探究企业的具体战略或经历，而是希望通过研究这些企业的经验，找到有助益的模式，给予正处于困惑期的管理团队一些指导和帮助，让它们了解如何来安排工作中的轻重缓急。

我们标出了自20世纪80年代初以来，42家大型企业采用增长重启战略的"位置"（见图15.1）。在图中，每个点代表其中一家重启增长公司的增长战略计划。我们用两个维度来标示每个计划：Y轴表示该计划与原有核心业务的商业模式之间的距离，X轴表示该计划与原来所在行业之间的距离。也就是说，企业在寻求重启增长的过程中，需要对核心业务的商业模式进行多大程度的变革？需要在偏离核心市场多大的范围内去寻找新的市场？

从图中可以看出，左下象限的点最为密集，这就清楚地显示出：重启增长的有利战略通常就位于核心业务所在的领域之内。我们将图中的左下象限标记为"核心业务价值最大化"。过半（59％）的复兴战略位于这个象限，也就是公司原有的核心业务范围内，所面对的基本上都是同样的客户群和同样的客户需求。右下象限被标记为"拓展邻接业务"。19％的复兴战略位于这个象限，它们通过利用明显的邻接业务机会，来延长核心业务的增长。左上象限是"核心业务转型"。位于这个象限中的复兴战略占到了6％，也就是说有两家公司通过大幅调整其商业模式，让收入增长获得了强势回升，与此同时，它们所针对的依然是同样的核心客户群和客户需求。最后一个象限被标记为"创建新业务"，16％的公司通过发挥现有资产的杠杆作用来利用与核心业务相关的新业务机会，从而重新恢复增长。值得注意的是，

第十五章 摆脱停滞泥潭

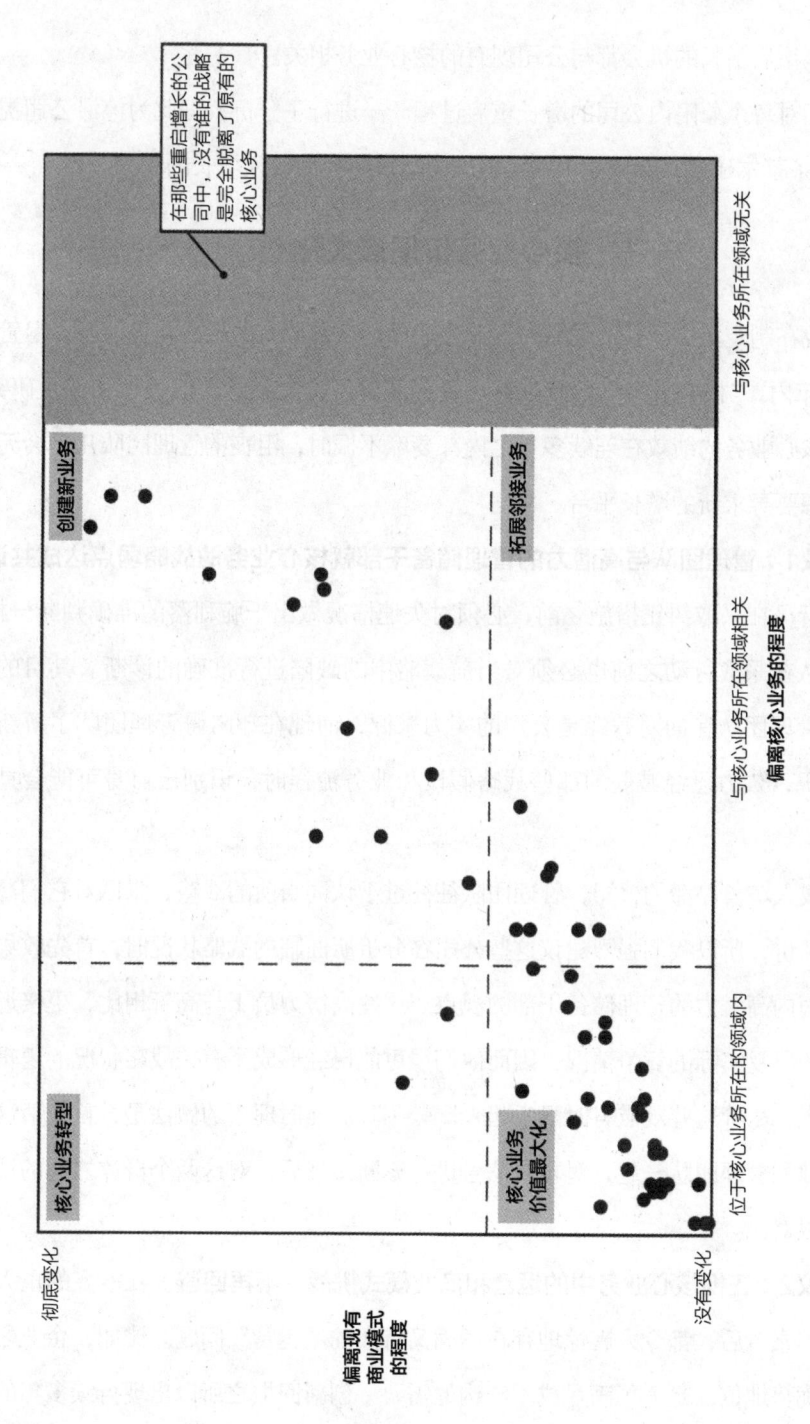

图15.1 企业增长重启战略所在的位置

- 在那些重启增长的公司中，没有谁脱离了原有的核心业务是完全脱离了原有的核心业务
- 创建新业务
- 拓展邻接业务
- 核心业务转型
- 核心业务价值最大化

纵轴：偏离现有商业模式的程度（彻底变化 — 没有变化）
横轴：偏离核心业务的程度（位于核心业务所在的领域内 — 与核心业务所在领域相关 — 与核心业务所在领域无关）

所有这些重启增长的机会都与公司现有的核心业务相关。

我们对每个象限内公司的增长重启过程一一进行了分析，据此为停滞公司提供了以下5条基本建议，希望能帮助其管理团队重新找回收入增长的动力。

核心业务价值最大化

企业在制定重启增长的战略时，首先必须得从其原有的核心业务入手。尽管在过去10年内，"核心业务"的复兴问题受到了管理类文献的普遍关注和深入研究，但是当核心业务的绩效在连续多年之内都萎靡不振时，沮丧的管理团队几乎会无法抗拒地想要寻求新的增长平台。

建议1：管理团队与高潜力的管理储备干部就核心业务的战略弱点达成共识。 正如飞行员在采取纠正措施之前，必须对失速情况做出干脆利落的准确判断一样，管理团队在采取行动之前也必须对当前战略中的缺陷进行准确的诊断。其目的在于帮助管理团队在面对曾经是公司的实力来源，而现在却阻碍管理团队了解新的现实情况，效力已经减弱的那些战略假设和业务流程时，识别出自身可能会具有的盲点。

在收入增长停滞的公司，管理团队往往过于认同当前的战略，难以对它们冷静地做出评价，所以我们强烈建议这些公司在分析所面临的战略状况时，首先收集并检验公司内高潜力的管理储备干部的观点。这些高潜力员工与高管相比，更接近客户、市场以及实际的竞争情况，因而他们很可能已经形成了有关战略状况的逻辑清晰的观点，尽管这些观点有时候听起来比较刺耳。此时理想的做法是，首先请这些储备干部和管理团队一起，对预警信号进行诊断；然后，对这两个群体之间的观点差异加以对比。

建议2：正视核心业务中的运营和商业模式挑战，不再回避。 在很多的重大战略停滞因素背后，都令人震惊地存在顽固又持久的"运营"问题。比如，企业之所以坚持优势地位，是为了满足成本结构的需要；创新回报之所以出现持续多年的下降,是由于研发部门和市场调研部门之间无法协调工作;核心业务之所以出现衰退,是由于没有对技术或生产进行必要的再投资。过时的业务流程、老化的商业模式,以及缺乏竞争力的成本结构等,都会滋生出糟糕的战略。

在这个方面,原上市公司在私有化之后,其新的私人所有者所采取的行动颇具教益。这些人会坚定地向核心业务中的运营问题直接发起挑战。他们会解决那些日趋严重的遗留成本问题,对技术和生产能力进行必要的再投资,并且会删减或剔除那些不再带来收入增长的成本结构。极少有新的私人所有者会在购买了传统业务之后,采用全新的战略来开发全新的业务。大多数情况下,他们都会强势回归到原有的核心业务,对其中长期存在的问题发起挑战。

迈克尔·汉默(Michael Hammer)的观点很有说服力。他指出,如果核心业务能力的提升能把公司与竞争对手显著区分开来,并且这些提升对于客户而言很重要,那么积极地针对这些核心业务的运营进行投资,其本身就可以是一种增长战略。他认为,虽然强劲竞争对手的战略在本质上可能与公司的战略极为相似,这种相似度甚至超出了人们所认为的程度,但竞争对手通常反倒不会照搬他所称的这种"运营创新"。在他看来,运营创新实际上有"多条腿",更有利于先行者,而不适用于快速追赶者。在20世纪80年代和90年代,沃尔玛公司的优势越来越明显,而凯马特公司越来越落后,熟悉这段实例的读者,应该会大力赞同以上观点。所以说,管理层应当积极关注核心业务的运营特征,这样就能强有力地预防因回避核心业务流程的缺陷而产生"糟糕"的战略。

有些管理团队对自己企业核心业务在运营中的局限性存在刻板的理解,汉默就此提出了几点对策。他尤其鼓励管理团队找出他所说的"约束性假设",即核心业务的商业模式中对取得突出绩效阻碍最大的那个运营性约束,并将突破这种约束变为自身运营创新的努力目标。

拓展邻接业务

企业若想延长增长期，或者让垂死的核心业务重获增长，那么在挖掘了核心业务的剩余潜力之后，下一个最具有优势的关注领域，就是与原有核心业务相毗邻的那些业务机会。这类"邻接业务"通常指的是从核心业务出发，沿着同一维度向外进行可控发展，比如，将当前产品提供给新的客户群体，或者为当前的客户群体来调整产品或服务。然而，即便是表面上看起来与当前核心业务密切相关的业务机会，也可能会隐藏着挑战。贝恩咨询公司的克里斯·祖克估计，在所有的相邻业务机会中，仅有20%—25%会真正带来新的增长。我们的研究也证实了这一点。企业在利用那些相对比较容易拓展的邻接业务机会时，会遭遇到显而易见的问题，在利用那些表面上看起来"近距离"的邻接业务机会时，也会面临潜在的运营挑战。

建议3：即便是在最接近核心业务的邻接业务领域内进行拓展，也必须仔细进行"差距分析"，找出核心业务的商业模式必须进行哪些变更。如果邻接业务机会要求对核心业务模式中的营销、分销或服务等要素做出重大更改，那么即便这些邻接业务与核心业务处于同一行业内，也会让人感到困难重重。一个突出的实例是，巴西喷气式飞机制造商巴西航空工业公司（Embraer）。该公司的核心业务原本是生产和销售喷气式支线飞机，过去4年间，它试图进入喷气式公务飞机的民间市场，却遭遇了困难。表面上看起来，只需要对飞机设计，尤其是内部装饰和燃料系统，进行适度的修改和调整，就可以实现这两种市场之间的转场。但是公司管理层在制定进入新市场的战略时，却发现这种看似很近的邻接业务与当前的业务模式存在大量"差距"，导致这种拓展极具挑战性。比如，目标市场的规模比当前市场的规模大了太多，而且前景也更为不明朗；在新产品的设计和制造中，涉及一整套全新的、不可预测的成本因素；每次销售将会是一台一台的，而不是成批量的。最后还有一点，在提供售后服务时，公司必须与极为分散的新的第三方来合作。

巴西航空工业公司（非常成功地）进入了喷气式公务飞机市场。在这个过程中，公司管理层将当前商业模式所面临的这些挑战分解为了一个个的具体差距，针对每个缺失的或不完整的要素，委派了其战略部门来预测、查找这些能力差距并制定相应的解决方案（见图15.2）。

首先，巴西航空工业公司让其战略部门对新商业模式的要求加以了解，先从重要的竞争对手开始分析，接着研究豪华轿车和游艇等为高管人员提供服务的"同源"市场产品。之所以要扩大对商业模式的分析范围，是为了确保公司不会对明显的必要变更有所疏漏，同时也能发现适用于新邻接业务领域的竞争优势。

其次，公司要求战略部门不仅仅只是依循惯例构建财务模型，还要针对竞争对手的对抗行动会如何影响到自己对邻接业务绩效所做的设想，来进行预测和分析。同时，战略部门也要调查在为拓展邻接业务而调整了商业模式之后，当前业务模式依旧会承受的直接成本和机会成本有哪些。除此之外，战略部门还必须向着未来展望几个时间段，模拟出管理层在每个时间段，随着业务的发展，需要针对服务网络和产品线扩展等方面做哪些决策。

巴西航空工业公司管理层发现，除了以上这些已知的可预测差距之外，在计划即将要执行时，还需要应对新的挑战。一方面，市场结构和市场时机的把握与公司利润的起伏和高管薪酬的涨跌息息相关，这就要求市场营销预算具有更大的灵活性。另一方面，公司文化以往注重严格控制成本，甚至包括销售成本，因而在为喷气式公务飞机引入奢侈品销售模式时，为了解释这一公司文化上的例外举动，并缓解对于公司文化的冲击，就要求公司制定管理计划，进行组织变革。

巴西航空工业公司向邻接业务领域的拓展引起了业界的关注。行业期刊《国际航空杂志》(*Flight International*) 指出，"公务航空近年来已经成为巴西航空工业公司最重要的新市场"。巴西航空工业公司恢复增长的这些经验向我们展示了一些重要的启示：公司在冒险进入看似最相近的邻接业务领域之前，应当对其商业模式的需求进行分解，将这些需求与当前的能力进行客观对比。事实上，应当根据核心

STALL POINTS
MOST COMPANIES STOP GROWING
YOURS DOESN'T HAVE TO

欠缺的能力	解决方式	战略部门的具体职责
客户和竞争对手的有关资料	收集客户和竞争对手的有关资料	✓ 咨询在新商业模式方面具有专业知识的专家，或者从公司外聘请此类人员 ✓ 确保调研不受限于核心业务模式所依据的相关假设 ✓ 确保调研的覆盖范围足够广泛 ✓ 对豪华轿车、豪华游艇等类似市场同时进行分析
财务可行性评估	进行市场预测、建立参数成本模型、深入分析投资回报率	✓ 构建自下而上的模型 ✓ 商业模式的改变会带来"连锁反应"，预计由此导致的成本 ✓ 预测市场和竞争对手的反应 ✓ 核查现实情况：商业计划中所设想的情景有可能过于乐观
与客户亲密接触式的销售流程	应新产品或新细分市场的要求，做好与客户进行深入互动的准备	✓ 将有可能变得更高的单机销售成本纳入商业计划中
全球化的服务和维修	就"构建、购买、结盟"等选项，做出决策	✓ 考虑通过结盟，而不是构建或购买的方式，来了解该项业务及其成本
新模式的增长和发展	预先就新模式的增长情况进行深入探讨，而不是事后再做调整	✓ 测试各项成本模型，为开发新产品做准备 ✓ 测试新模式是否适合于新的细分市场 ✓ 对比新产品和公司的原有产品组合：分析彼此是否可以相互促进发展，推动它们之间的协同效应
奢侈品销售环境	快速积极调整销售空间和销售设施来满足预料意外的市场需求	✓ 与竞争对手进行对比，实施市场调研，查找确定自身在技能或基础设施上存在的差距 ✓ 在财务模型中纳入这些信息 ✓ 考虑较大的"产品发布之后的后续成本"纳入商业计划之中，以避免因必要的改变而导致额外算超支
文化冲击	制定系统的沟通计划，提高员工对必要变化的接纳程度，降低抵触心理	✓ 邀请外部专家给员工了解新模式宣传部能够与公司文化存在冲突，但在市场要求下必须进行的变革

图15.2 巴西航空工业公司填补差距的做法：为了向邻接业务拓展而调整商业模式

商业模式所需的改变程度,而不是与行业的相关程度,来确定应当优先考虑哪些邻接业务。

核心业务转型

管理团队在恢复收入增长的过程中,越来越频繁面临的一个考验,就是需要转变现有核心业务中的商业模式。尤其是产品导向型的企业会发现,由于当初只选用了现有的这一种方式来进行设计、打造样品、采购、制造和分销,以致自己被自身的产品创新流程束缚住,其他收益更高的入市模式从一开始就被排除在外。

建议4:在新产品开发流程的初期,就对新商业模式的构建机会进行检验。对产品导向型的公司而言,将对商业模式的设计整合进产品的开发流程之中,是最为顺畅也最为高效的商业模式创新方法。在研究中,我们在一家大型工业材料公司看到了一种有效的做法。这家公司试图抓住在当前各种业务之间不断游移的利润池。为此它曾经尝试过各种方式,比如零售、与合作伙伴共享产品研发、提供附加服务等。但其材料科学研发部门在做技术开发决策时,却总是在利润率更高的那些产品或服务选项得以开发或者规模扩大之前,就排除掉了它们。

为此,该公司重新设计了材料创新流程,以便在技术开发周期一开始就强制性地对新的商业模式加以考虑(见图15.3)。目前,其商业模式选项的开发基本上与产品的开发并驾齐驱,这就确保在向市场推出产品时,新材料对技术的要求不会阻碍公司采用前景更好、利润率更高的方式。

该公司目前采用了一种新的创新流程,共有7个步骤。当材料科学实验室提出构建新产品线的可能性时,公司会创建一个项目小组,由它来开发与这个新产品线相匹配的一系列潜在的商业模式,每个商业模式都分别具有不同的收入结构、目标市场和潜在合作伙伴。尽早对替代性的商业模式进行考虑,这样就能迫使项目小组在企业投入到相关的技术开发工作之前,就对业务合作伙伴、价值链定位,以及收入来源等方面的各种备选方案加以分析。

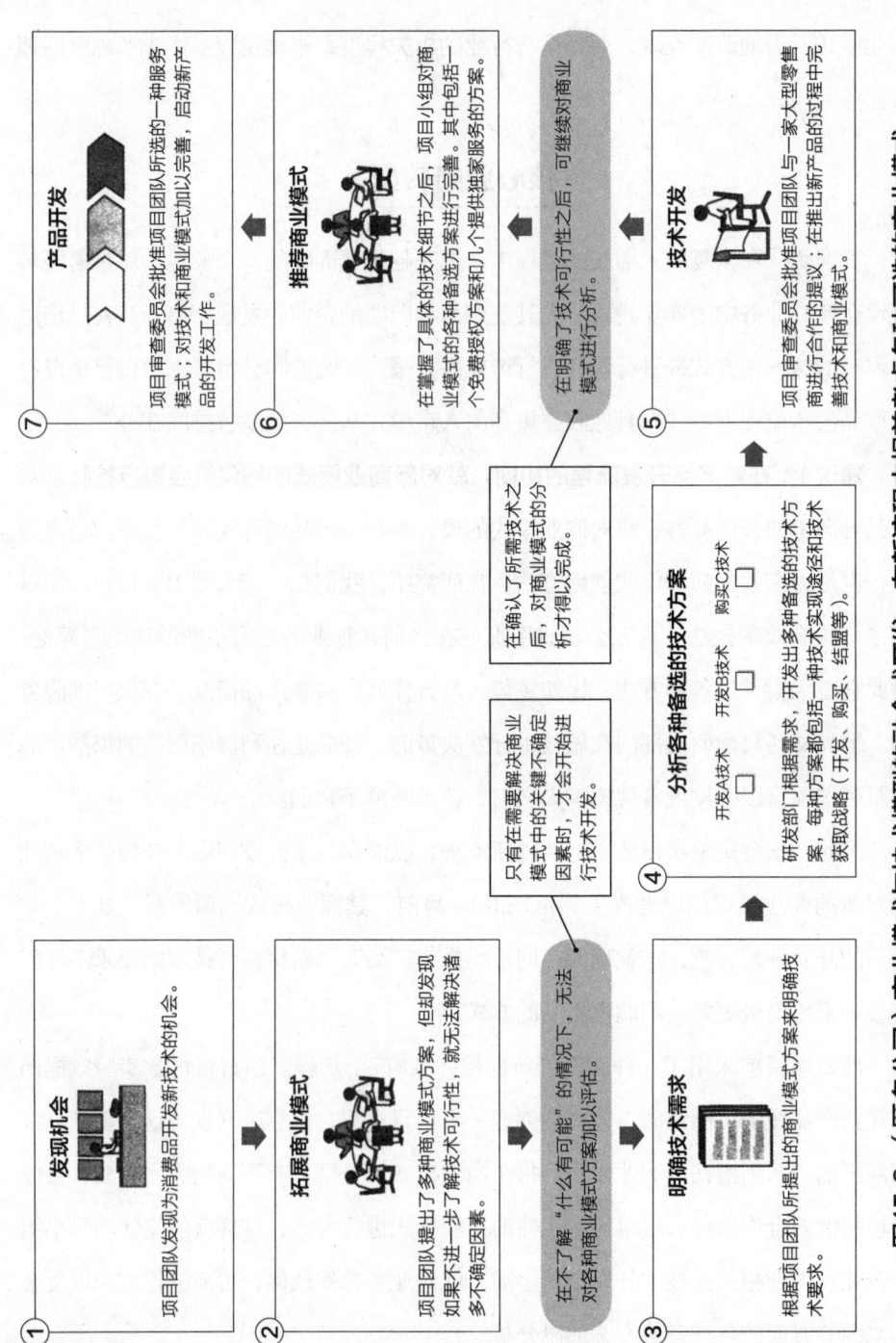

STALL POINTS
MOST COMPANIES STOP GROWING
YOURS DOESN'T HAVE TO

① 发现机会
项目团队发现为消费品开发新技术的机会。

② 拓展商业模式
项目团队提出了多种商业模式方案，但却发现如果不进一步了解技术方案的可行性，就无法解决诸多不确定因素。

在不了解"什么有可能"的情况下，无法对各种商业模式方案加以评估。

③ 明确技术需求
根据项目团队所提出的商业模式方案来明确技术要求。

④ 分析各种备选的技术方案
　　开发A技术　　购买C技术
　　开发B技术
研发部门根据需求，开发出多种备选的技术方案，每种方案都包括一种技术实现途径和技术获取战略（开发、购买、结盟等）。

只有在需要解决商业模式中的关键不确定因素时，才会开始进行技术开发。

⑤ 技术开发
项目审查委员会批准项目团队与一家大型零售商进行合作的提议；在推出新产品的过程中完善技术和商业模式。

在确定了技术可行性之后，可继续对商业模式进行分析。

⑥ 推荐商业模式
在掌握了具体的技术细节之后，项目小组对商业模式的各种备选方案进行完善。其中包括一个免费授权方案和几个提供独家服务的方案。

⑦ 产品开发
项目审查委员会批准项目团队所选的一种服务模式；对技术和商业模式加以完善，启动新产品的开发工作。

在确认了所需技术之后，对商业模式的分析才得以完成。

图15.3（匿名公司）商业模式与技术模型的融合式开发：在新流程中提前考虑各种可选的商业模式

在制定了一系列可能的商业模式之后，技术团队就可以针对每种商业模式来设计各种备选的技术版本和成本/生产方案。有了这些技术方面的预计数据之后，项目团队就可以对各种商业模式方案做进一步打磨，并从中挑选出几个最佳的待选方案。最后，由项目审查委员会拍板选出"最佳方案"，并授权材料科学实验室和整个项目团队共同快速推进相关工作。

需要重点指出的是，为了进一步让企业的高层人员都具备选择不同商业模式的意识，企业委派了众多"教练"给这些项目团队提供支持。这些教练分别具备各种商业模式下的相应技能，他们都是高潜力的管理人员，是最有可能担任业务部门总经理的候选人。

创建新业务

有些增长重启战略位于我们标记为"创建新业务"的象限内，多数大型企业都会面对这些增长投注所带来的挑战，不仅要改变现有的商业模式，并且需要在现有核心业务之外寻求发展机会。这种运营方式的风险很高。在这一象限内成功恢复了增长的那些企业，对潜在的客户需求具有独到的洞察力，并且在原有核心业务的多年运营过程中积累了强大的能力。

建议5：在构建新的增长平台时，充分发挥对客户的"独到洞察力"。 观察家强调，核心业务中的品牌、业务流程、制造能力等闲置资产，可以作为发展新业务的基础，在拓展新业务时发挥重要作用。贝恩咨询公司的克里斯·祖克对此进行了细致的研究。我们注意到，若企业对客户具有"独到的洞察力"，并且拥有强大的、差异化的组织能力，那么，以上闲置资产就会成为它打造新的可持续增长平台的有利基础。在具备了这两方面的竞争优势后，企业就拥有了在新领域取得成功的有利基础。

这种资产组合强大力量的一个范例，是万宝盛华集团（Manpower Inc.）在过去10年间所取得的发展。万宝盛华集团的核心业务是为企业提供临时文员，以及为轻工业企业招聘人员。20世纪90年代，许多公司开始逐渐采用更为灵活的员工结构，集团的核心业务因而获得了稳步的增长。万宝盛华集团在发展核心业务的过程中，在人员招聘、技能评估、员工选拔、培训以及薪资支付流程等方面的能力得到大幅提升，同时也深入了解了每个流程的最佳实践做法。此外，公司的客户（地域上和行业上）分布范围极广，通过与这些客户合作，万宝盛华由此培养出了自身在员工需求预计、技能差距和新兴企业活动等方面深刻且独到的洞察力。

90年代后期，万宝盛华集团为企业提供临时人员招聘服务的核心业务出现了增长趋缓的情况，于是它将其在人力资源活动方面所积累的专业知识与其对客户需求的独到洞察力相结合，于2000年启动了万宝盛华人力资源（Empower HR）咨询业务，由分布于全球各地的五家实体机构来共同实施。此外，万宝盛华集团依据从客户那里获得的"预警"洞察力，收购了杰佛森威尔斯审计服务公司（Jefferson Wells）。这项并购于2001年完成，完美赶上了《萨班斯-奥克斯利法案》即将在美国引发的新一轮需求浪潮。这两项新业务将万宝盛华集团脱离了传统的核心业务，但它们都将公司对客户行为的独到洞察力和公司在现有核心业务方面的强大能力整合在一起。万宝盛华集团全球战略及业务开发总监安娜丽莎·吉冈特（Annalisa Gigante）对此评论道，"我们集团将人力资源业务方面的组合服务从人员招聘扩展到了人力资源咨询，这让我们能够响应客户的各种需求，提供更为广泛的人力资源增值解决方案"。2007年底，万宝盛华的收入超过了190亿美元，但依然保持着两位数的强劲增长率。

摆脱停滞的速度至关重要

上面所提出的5条建议都仅仅是粗略地概述了一遍，实际上，每条建议都值得长篇累牍地来进行论述。我们简要介绍同行优秀企业所用的这些战略的目的，是希望它们能为面临增长停滞难题的管理团队提供指导。如若公司的收入增长已经停滞，那么管理团队就应当立即开始坚持不懈地关注在恢复增长的过程中所要面对的挑战。因为有过停滞经历的公司已经充分证实，重启增长的确是有可能的，但其难度却并不会随着时间的推移而有所降低。

附录 1
研究方法说明

样本企业的来源

本研究并非针对经济周期或运营失误所引起的短期业绩波动情况,而是旨在分析了解各家公司在收入增长过程中,增长率的长期变化趋势,为此我们选取了能够收集到数十年数据的一系列公司。首先,我们列出了《财富》100强榜单自1955年设立以来,曾经榜上有名的所有公司。鉴于在《财富》100强榜单的早期版本中,并不包括服务型公司和总部设在美国以外的大型公司,因此,我们对公司名单进行了补充,在其中增加了那些年收入水平达到或超过《财富》100强榜单标准的公司。不论这些公司当前的母公司是谁,或者它们当前的状态如何(被收购、被合并或破产),只要它们被列入了标准普尔公司(Compustat's)的数据库,也就会被纳入我们的样本企业数据库中。

我们通过与标准普尔公司的数据小组合作,收集到了年收入水平达到《财富》100强榜单标准的所有美国上市公司(不管它们是否被列入该榜单)"公开的"财务业绩数据。即使这些公司在1950—2006年期间,只有一部分时间是"达到了《财富》100强榜单的标准"，我们也仍然收集了它们在此期间内可获得的收入、利润率、市值等所有数据。此外，我们在样本企业中也纳入了在标准普尔数据库中查找到的那些曾经交易过美国存托凭证（ADRs）的外国公司，由此将数据范围扩展到了全球。总而言之，我们总共审查并分析了503家企业的增长历程，其中，82%的公司总部在美国国内，18%的公司总部在美国国外。

剔除通胀因素，反映企业的真实业绩

我们采用美国经济分析局（U.S. Bureau of Economic Analysis）发布的内含物价折算指数剔除了通胀因素，将所有数据按照2006年的美元定值进行了调整。在对比分析各家企业的市值时，我们根据标准普尔500指数（S&P 500 Index）剔除了通胀市值，以便消除经济大泡沫或经济衰退对这些数据暂时性的影响，更清晰地看到停滞给企业所带来的影响。

确定"失速点"——长期业绩中的转折点

前面第二章介绍了我们所制定的一套方法，用来查找并识别失速点，也就是公司的收入增长速度出现显著下滑，收入增长趋势发生了持续多年的长期转折的那些时刻。并采用该方法对过去50年内曾达到过《财富》100强规模的所有企业进行了分析。

我们采用逐年移动的办法，对样本公司在研究期内每10年的增长率做了对比分析。增长率差值最大的年份，即增长速度下降最严重的时间点，即被界定为该企业的失速点。确定一家公司进入"停滞期"的依据为，在停滞发生之前的10年内，增长率（按剔除通胀后的实际美元值）必须不低于2%；停滞年份前后的增长率差值必须不低于4%；停滞发生之后的增长率必须跌至6%以下。

这个方法可以帮我们筛掉公司业绩只是欠佳的那些季度和年份，而将注意力集中在增长出现中断的那些时刻，也就是增长出现长期停滞或者长期下滑的那些时期,并重点关注公司在停滞年份前后的几年内所采取的关键管理行为。这个方法也帮我们筛掉了一次性的大型事件(比如,并购或剥离)所造成的影响,因为,单一的交易行为并不足以导致公司的收入增长偏离正常轨道。

对位于研究期两端的数据比较期进行缩短调整

我们采用逐年移动的办法,计算样本公司在50年研究期内每10年(剔除通胀因素后)的收入复合年均增长率。但是在逐渐靠近研究期的两端时,我们将数据比较期从10年调整为5年。比如,如果一家公司是1950—2006年的数据,那么对于1957年,我们分别计算并对比了1957年向前7年(到1950年)和向后10年的复合年均增长率;而对于1999年,我们分别计算并对比了1999年向前10年和向后7年(到2006年)的复合年均增长率。这也就意味着,我们无法计算确定1955年之前或2001年之后的失速点年份。

附录 2
研究停滞根源的类别时所选用的案例企业

运营系统特性	停滞期	
	1990年之前	1990年之后
资产密集型	3M公司	博登公司
	百路驰公司	达纳公司
	波音公司	洛克希德·马丁公司
	卡特彼勒公司	
	戴姆勒-奔驰公司	
	杜邦公司	
	福陆公司	
	通用电气公司	
	利顿工业公司	
	天纳克公司	
	丰田公司	
	联合技术公司	
商业服务类	优利系统公司	美国超价商店公司

附录2　研究停滞根源的类别时所选用的案例企业

（续表）

运营系统特性	停滞期	
	1990年之前	1990年之后
以消费者为中心	可口可乐公司 康尼格拉食品公司 迪士尼公司 柯达公司 通用电话和电子公司 西尔斯公司（西尔斯/凯马特）	奥驰亚集团（菲利普·莫里斯公司） 美利坚航空公司 美国汽车王国公司 金宝汤公司 可口可乐公司 吉列公司 亨氏公司 凯洛格公司 金佰利公司 李维-斯特劳斯公司 松下电子公司 宝洁公司 罗森普瑞纳公司 索尼公司 玩具反斗城公司
金融服务类	花旗银行 美国运通公司 美洲银行	美国第一银行
技术密集型	苹果公司 美国数字设备公司 IBM公司 飞利浦公司 美国无线电公司 施乐公司	日立公司 摩托罗拉公司 日本电气股份有限公司 东芝集团

附录 3

管理层自测：
是否关注到停滞来临前的预警信号

我们在对各家公司历史上曾经出现过的失速点进行了几个月的定量分析和查验之后，发现自己回到了这样一个问题："公司高管本可以从市场、竞争对手的行为，以及自身的组织行为中发现哪些预警信号，从而提前预知到正在逼近的停滞？"为此，我们汇集了以下50个应该防范的"预警信号"问题，供管理团队进行自我测试。这份测试清单并非详尽无遗，也并非普遍适用，但其中所提的这些问题都值得管理层进行审查和探讨。

我们建议管理团队中的每位成员先自行测试一下自己对每个问题的担忧程度，然后再与其他高管同事一起对照答案。在对照答案时请大家注意并探讨这3个有意思的领域：所有团队成员都极为担忧的领域，所有团队成员都漠然的领域（检查一下是否存在群体思维），以及团队个别成员开始感到担忧的领域。

失速点"预警信号"自我测试

	不担忧	稍有担忧	极为担忧

财务和综合管理

1. 在过去5年或更长的时间内,我们公司的收益增长率一直都高于收入增长率。

2. 在我们公司每年获得的收益增长中,有50%以上都是得益于成本的削减和(或)生产力的提高。

3. 我们公司50%以上的收入都来自"成功模式"已经存在了至少5年的那些业务。

4. [若为上市公司] 我们公司的PEG指标(市盈率相对盈利增长比率,计算公式为:PEG=PE/企业年盈利增长率×100)低于或等于1.0。

5. 我们公司对核心业务的再投资率[(研发支出+资本性支出+广告支出)/营业收入]跌破了历史最低水平。

6. 我们公司依靠并购来实现今年的收入增长目标。

7. 我们公司的股息支付率高于30%。

8. 我们公司对未来3—5年的收入预测与未来1—3年的营运计划之间没有明确的联系。

战略与业务规划

9. 我们在企业层面没有正式的战略规划职能部门。

10. 我们公司战略规划职能部门的预算和员工人数多年来一直在下降。

11. 时间和资源本应该被用于管理长期战略和推动收入增长,但却常常被挪用来解决年度规划中的问题或近期的收益问题。

12. 我们公司在制定战略时所依据的有关市场和公司能力的核心假设和理念,并未成文。

13. 在我们公司,与战略相关的重大问题都"不予考虑";高管暗示说自己不接受异议。

14. 数年来,我们从未重新审视对于核心市场的界定,从未重新制定竞争对手的名单,也从未重新计算我们所占据的市场份额。

STALL POINTS
MOST COMPANIES STOP GROWING
YOURS DOESN'T HAVE TO

	不担忧	稍有担忧	极为担忧

15. 在过去2—4年内我们没有重新审查或更新过针对公司整体业绩的评价指标。

16. 我们认为核心市场已经"成熟",它仅是我们收益或现金流的一个来源;我们的增长来源于核心市场之外的其他领域。

17. 我们没有在现有核心业务领域内积极探索新的商业模式。

18. 当我们公司需要快速适应外部市场或竞争的发展变化时,组织架构阻碍了我们。

营销与市场调研

19. 我们很少测试关键客户群体对我们产品价值和服务特性的观念变化情况。

20. 关键客户越来越不愿意为品牌声誉或出色的性能支付溢价。

21. 我们公司没有有效的(沉浸式、体验式或内部)机制能让管理人员直接及时地了解客户和产品的新趋势。

22. 对于那些可能会颠覆我们核心业务的新科技的发展情况,我们公司没有正式地加以跟踪了解。

23. 我们公司没有跟踪了解客户如何看待我们与低端的新兴竞争对手在产品质量上所存在的差异。

24. 新进入我们行业的那些公司,拥有新的商业模式或颠覆性的技术,它们正在加速攫取我们行业内的市场份额。

25. 我们公司的市场调研部门和研发部门在工作活动和日程安排中缺乏密切的定期协作。

26. 在将客户的观点转化为新的产品和新的服务品类方面,我们的效率没有竞争对手高。

创新和研发

27. 我们公司最近将研发预算削减到了远低于历史最低水平,并且也低于竞争对手的研发预算水平。

	不担忧	稍有担忧	极为担忧
28. 我们没有对公司内业务部门层面的研发投资押注进行充分的了解。			
29. 我们公司的研发支出极为分散,这致使我们难以向重要的差异化机会和增长机会投入足够资源。			
30. 我们公司认为很多市场机会都"规模太小"。我们的研发工场和创新流程适用于规模更大、更复杂的客户问题和机会。			
31. 我们正在终止大量的产品或服务计划,因为它们"从开发到取得实效"的时间过长。			
32. 由于销量过低和/或定价过低,我们公司所推出的大量新产品或服务未能实现预期的回报。			
33. 我们公司内部的创新周期未能与外部市场的需求保持同步。			

销售管理和销售力管理

	不担忧	稍有担忧	极为担忧
34. 我们公司70%以上的销售都依赖于一个主要的单一分销渠道。			
35. 在过去几年内,我们行业超过25%的销售增长是来自某一个产品/服务品类或分销渠道,但我们公司目前尚未利用这种产品/服务品类或分销渠道。			
36. 我们做不到为了支持新产品和新服务,而自行扼杀现有的收入来源。			
37. 在我们公司,新产品和/或服务是由现有的业务部门负责,这导致这些新产品和/或服务的销售放缓。			

人力资源与人才管理

	不担忧	稍有担忧	极为担忧
38. 我们倾向于从内部提拔人才,这种成文的或未成文的偏见非常不利于高质量的外部候选人。			
39. 我们的正式人力资源体系(比如,对于工作职位的描述、能力模型、晋升标准等)跟不上战略及运营方面新出现的要求。			
40. 在辨别高潜力员工时,我们过于看重当前商业模式的能力要求,而忽视了未来发展所需的能力。			

STALL POINTS
MOST COMPANIES STOP GROWING
YOURS DOESN'T HAVE TO

	不担忧	稍有担忧	极为担忧

41. 在我们公司内，最关键的人才群体的敬业程度（或表示员工忠诚度的其他指标）很低并且/或者还在下降。　　_____　_____　_____

42. 我们公司未来的成功在很大程度上取决于一些难以替代的核心员工专家群体，尤其是他们的持续生产力和持续的贡献。　　_____　_____　_____

43. 我们超过60%的高管人员已经在公司工作了至少20年。　　_____　_____　_____

44. 我们的领导团队多年以来一直很稳定；除了少数几位成员之外，大多数人都已经共事了多年甚至几十年。　　_____　_____　_____

45. 我们在招聘/培养/留住那些拥有新技能和新形象的高级雇员方面，效率不高。　　_____　_____　_____

46. 我们公司的首席执行官拥有巨大的震慑力和影响力，他/她对于战略的看法往往不容他人进行讨论和争辩。　　_____　_____　_____

董事会与公司治理

47. 我们公司的董事会在自己的风险管理列表中没有包括对战略进行挑战和对假设进行测试这两项内容。　　_____　_____　_____

48. 我们公司的董事会在对高管层进行绩效管理和制定激励机制时，仅考虑财务目标，而不考虑战略目标的完成情况。　　_____　_____　_____

49. 我们公司的董事会缺乏丰富的市场知识和多元化的经验，因而无法对公司的战略提出挑战和质疑。　　_____　_____　_____

50. 利益相关方对于我们公司的运营、政策、产品和市场等方面的期望，与他们对于这些方面的实际看法不一致，我们对此差距没有积极地进行识别和管理。　　_____　_____　_____

预警信号自我测试的引导指南

财务和综合管理（问题1—8）

虽然所有财务指标都是对企业绩效进行事后评价，因而并非衡量企业战略健康状况的最佳指标，但这第一组预警信号很有用，能帮助企业查找出自身增长模式中经济基础的一般缺陷。

问题1和问题2本身并非关于增长问题的指标（利润率提高是一件好事），但这两个问题却凸显出，如果一家公司过于强调收益增长，尤其是通过成本削减来获得收益增长，那就表明这家公司要么对收入增长战略制定和实施得不到位，要么就是没有收入增长战略。

问题3旨在根据常见增长期的生命周期规律来对公司做出评判。如果一家公司在初期阶段过后，依然依赖于原有的成功模式，那就表示问题即将出现。

问题4仅针对上市公司，旨在通过市盈率相对盈利增长比率（PEG ratio）来探讨外部市场对公司增长战略具有多大信心。通过对比自己公司与同行其他企业的市盈率相对盈利增长比率，管理团队可以得到更为精确的指导。

问题5：公司对于核心增长业务的财务支持进行削减，通常是为了短期利润而牺牲长期增长。这并不是说公司可以或者应该通过加大投资来摆脱停滞（研究并未发现研发投入水平与增长之间存在关联），而是说这种缩减核心增长业务的投资的行为，不管在任何时候，都应该引起管理团队关注。

最后，如果这种缩减投资的行为会令管理团队感到焦虑的话，那么问题6所示的扩张行为应该会让管理团队彻底忧虑。让人尤为不安的是很多公司在陷入停滞时，往往会企图用一次收购行为或一系列收购行为来换取时间（或者也可能是资产和能力），以解决核心业务中突然出现的问题。

战略与业务规划（问题9—18）

战略职能部门的主要职责，及其往常管理的流程，都是将长期的战略转化为具体的行动计划。而战略部门的工作重点除了制定规划之外，还应该进行批判性和拓展性思考，协助管理层质疑当前的理念和战略假设。本节问题旨在探讨战略职能部门的定位、资源充足性，以及企业内部的战略对话情况。

问题9—11审查分配给战略活动的时间和资源情况。企业不应该由于自己没有设置战略部门就不假思索地恐慌，也不应该由于自己设置了战略部门就完全打消疑虑。更为重要的考验在于企业内是否有人，"战略师"或其他胜任该项工作的职能人员，督促高管团队定期将自己的集体思维与市场中新出现的实际情况进行对比和分析。

问题12和问题13探讨管理团队是否正式阐明了制定战略所依据的核心理念，如果已经阐明，那么是否允许其他人对其持续可行性进行坦诚的挑战和质疑（在大型企业的文化中，对"不畏强权，敢于直言"持保留态度的情况极为普遍，甚至比人们想象中更为常见）。

本节的其他问题旨在促使管理团队重新审查自己企业的核心假设，每个问题都具体针对业务系统内的一个方面：我们处于哪个业务领域（问题14）；我们对胜利怎么界定（问题15）；我们对获得成功所需的增长来源、商业模式和组织架构持有哪些观点（问题16，问题17和问题18）。

营销与市场调研（问题19—26）

我们对历史上的停滞案例进行审查后得出结论，市场调研部门和竞争情报收集部门本可以或者说应该发出预警信号，但它们却几乎不会这样做。它们在追踪客户满意度和市场份额变化方面花费了太多的精力和资源，而没有投入足够的时间来了解客户偏好和竞争对手的能力变化。本节的问题旨在探讨这些职能部门的目标制定情况和绩效，以及它们与公司其他关键职能部门之间的协作情况。

问题19和问题20重点关注公司是否了解客户如何进行权衡取舍：我们公司是否真正了解客户愿意支付溢价是为了哪些产品特性或特征，或者说客户在一系列利益（比如，便利性、可靠性）和某一个利益（比如，更低的价格）之间，会如何取舍？

问题21测试企业内的新观点是否能够克服根深蒂固的理念和本能，直接有力地传达给高管人员。

除了充分了解客户之外，还应该对竞争对手进行密切跟踪，尤其是那些具有"颠覆性"商业模式或技术、提供低价产品的竞争对手。各方面的竞争情报都大有裨益，比如，增长轨迹（问题22）、品牌和质量的差异（问题23）、市值份额的增长（问题24）等。

最后，问题25和问题26探讨市场调研部门与研发部门之间联系的密切程度，在大型企业内，这两个部门之间的合作通常出奇糟糕。

创新和研发（问题27—33）

企业需要对一系列时间先后不一的复杂流程进行协调，才能屡次在创新上切实获得成功。而我们研究发现，与创新相关的增长停滞都是源自每一流程之内和各个流程之间的诸多具体问题。因此，本节这几个诊断问题考察的是创新流程中的每个环节，从研发资金投入过程中的各种基本情况，到影响这些资金部署的各种偏见。

问题27—29探究企业的整体资金投入水平及其在内部的分配情况。倘若研发对于企业战略取得成功非常关键的话，那么削减研发投入就极为值得企业担忧（问题27）（但是在快速成熟的市场中，新产品的机会相对较少，此时减少研发投入也可能是一种正确的举措）。为了提高研发与业务之间的关联性并提高研发在内部的短期影响力，而将研发职能高度分散到各业务部门的这种做法，会降低研发投入的透明度（问题28），并且会导致公司无法将资源引导到最重要的未来增长平台上（问题29）。

问题30和问题31重点关注的是公司发掘和利用新机会的能力，这些机会的最终规模或影响暂时无法确定。我们公司的体系是否倾向于追求当前客户群体（越来越复杂）的需求，而忽略了去争取新客户群体尚不确定的回报（问题30）？此外，我们在管理新的创新活动时，是否足够有"耐心"，是否会等待新机会发展到可以

STALL POINTS
MOST COMPANIES STOP GROWING
YOURS DOESN'T HAVE TO

正确进行评估的程度，才应用严格的财务指标对其加以衡量（问题31）?

最后，问题32和问题33探讨创新"回报"问题。大多数行业都会经历一种可想而知的情况，即越来越多客户的核心需求得到满足，但公司的创新回报却在下降。倘若公司不能调整创新模式，使其充分反映这种现实的市场情况，或者无法找到足够的新市场机会时，公司就会遭遇停滞。这个问题最初看起来是一个"创新"问题，但久而久之人们就会认识到，这是一种战略缺陷。

销售管理和销售力管理（问题34—37）

销售职能部门承担着巨大的责任，需要管理公司的入市战略，比如，公司应该重点关注哪些产品、渠道和客户。关于产品/渠道/客户的决策对于企业战略而言非常重要，因而，销售观念会影响到企业内部许多方面的潜在停滞因素。

问题34和问题35探讨企业对于特定客户群体或分销渠道的依赖程度。过度依赖通常会导致决策失误或资源分配不当，从而使得企业无力转入新的销售渠道。

问题36和问题37旨在了解企业对于当前的产品系列是否存在相似的偏见，从而导致企业因害怕新旧产品自相残杀，而忽视或延迟对于新产品或新业务的开发。

人力资源与人才管理（问题38—46）

人力资源能从多个层面预防失速点。其重要的职能包括：确保企业所拥有的技能和能力能够支持战略的转变，确保能够吸引并留住拥有关键技术和管理技能的人才，并确保企业内年青一代人才的发展定位是担任领导职位。

问题38探讨公司对外部市场上稀缺技能和经验的开放程度。

问题39和问题40探讨企业挑选和培养员工的方法，尤其是高潜力员工。在高潜力员工的管理中有一种情况尤为危险，就是企业倾向于选择"具有相同技能的人才"，并且培养他们掌握那些曾经为企业创造了成功的技能，这种做法会加剧管理团队的群体思维问题，导致他们进一步脱离市场现实。

问题41和问题42重点关注企业对目前高绩效员工的依赖程度。员工的敬业程度和风气调查是重要的指引指标，能帮助企业判断员工的忠诚度和继续任职的意愿。企业也应当在部门层面或以工作组的形式，来对新出现的挑战进行诊断并采取纠正措施。

本节的其他问题直接探讨群体思维问题。问题43和问题44探讨公司管理团队的凝聚力和思想偏狭程度。问题45测试企业在领导团队中吸纳拥有新技能和新背景的人才的情况。问题46探讨公司在战略讨论过程中是否允许发表不同的见解，以及参与战略讨论的人是否拥有多元化的背景。

董事会与公司治理（问题47—50）

董事会成功地应对了近来的公司治理改革，但却由此削弱了自己对于公司战略管理的参与程度，以及对于公司战略的挑战和质疑。公司治理改革不仅挤掉了董事会参与战略活动的时间，而且加大了对于非执行董事的招聘力度，这就导致董事会成员对于行业和竞争对手问题的熟悉程度降低。本节这几个问题探讨董事会的活力，以及董事会在对绩效进行管理和制定薪酬制度时，对于战略目标的关注程度。

前两个问题探讨董事会对战略压力测试的参与程度。虽然董事会时间有限，很难做到全体董事都参与这项工作，但其下属各委员会可以也应该督促管理层对战略假设进行测试（问题47）。董事会不应当局限于已阐明的常见财务目标（问题48），还应当在实施绩效管理和制定薪酬方案时，为管理层设定具体的战略目标和重要节点。

问题49关注的不是才能，而是胜任能力：董事会成员是否具备关于行业和公司的具体知识，能够对首席执行官和其他主要的管理人员进行有效的挑战和质疑？

最后，问题50测试企业是否针对利益相关者的利益和期望进行积极的诊断分析和管理。公司治理中的这个问题并不一定始终值得董事会花费时间和精力，但如果组织内没有人来负责并履行这一重要职责的话，那么这种职责上的缺失就是一个重要的预警信号。

致 谢

本书封面上的简要提点根本无法表达清楚所有参与者所做的工作及提供的见解。我们研究团队的每位成员对于发现各个阶段的失速点，都做出了巨大贡献、付出了孜孜不懈的努力。本书是企业战略运营管理咨询公司及其全球高管会员共同努力的成果。感谢公司管理委员会资助我们的每一步工作并给予耐心指导，感谢前任董事长杰·麦戈尼格尔（Jay McGonigle），感谢现任董事长汤姆·莫纳罕（Tom Monahan）。

企业战略运营管理咨询公司的创始人大卫·布拉德利（David Bradley）用思想的力量和慷慨的精神这两个核心价值观，为我们企业注入了活力。25年来，这些完好无损的价值观一直是我们在工作中的精神支柱和动力。我们有幸在本书中记录了这两个价值观在失速点计划中的非凡表现。

为本书做出奉献的公司内部人员除了以上人员外，还必须强调两位极具才华的专业人士。首先是泰迪斯·弗霍夫（Thaddeus Verhoff），他设计并绘制了本书的图示，在截稿日之前一直耐心地与我们合作，在我们将接力棒交给他时从来没有松懈过。他曾一度说"工作本身就是回报"。当你认识泰迪斯后就会发现，他真的相信这一点。

另一位要称赞的是，我们公司信息资源中心的安妮塔·费德勒（Anita Feidler）。没有什么能难倒这位能力出众的女士：无论期刊信息或文章主题有多么模糊，她都可以根据仅有的引用片段，反馈给我们正式的引文。对任何组织来说，安妮塔都是一位极为宝贵的人才，非常感激她在我们团队中。

最后，感谢为我们提供帮助和鼓励的同行专家。在研究过程中，波士顿咨询集团的乔治·斯塔克一直是我们的忠实朋友，帮助我们提炼见解，并向我们分享资深的作者对出版过程的看法。哈佛商学院的克莱·克里斯滕森教授一直是我们的灵感源泉，曾经邀请我们走进他的《管理创新》（Managing Innovation）课程，将本书内容介绍给二年级的MBA学生。

耶鲁大学出版社的工作人员对我们这个初次当作者的团队极为耐心。感谢迈克尔·奥马利（Michael O'Malley），几年前，在我们描述自己在这个领域所做的工作时，他表示出极大的兴趣。耶鲁大学出版社的助理编辑亚历克斯·拉尔森（Alex Larson），我们的中间人，工作技巧高超，而且态度优雅。我们对各阶段的最后期限和稿件"成品"可能小有搪塞，但是手稿编辑劳拉·琼斯·杜利（Laura Jones Dooley）以极大的耐心，帮助我们完善了整本书的用语和行文。我们公司的埃里卡·佩里（Ericka Perry）对本书进行了校对。

再次诚挚感谢为本书做出贡献的所有人，感谢他们提供专业知识，感谢他们的奉献精神。写作中可能会存在疏漏之处，恳请读者指正。